아마존 웹 서비스
클라우드 디자인 패턴
설계 가이드

AMAZON WEB SERVICES CLOUD DESIGN PATTERN SEKKEI GUIDE

written by Ken Tamagawa, Akio Katayama, Hiroyasu Suzuki and edited by Nikkei SYSTEMS

아마존 웹 서비스
클라우드 디자인 패턴 설계 가이드

초판 1쇄 발행 2013년 5월 24일
   2쇄 발행 2014년 4월 21일

지은이 타마가와 켄, 카타야마 아키오, 스즈키 히로야스
옮긴이 박상욱
펴낸이 장성두
펴낸곳 제이펍

출판신고 2009년 11월 10일 제406-2009-000087호
주소 경기도 파주시 문발동 파주출판도시 530 – 1 뮤즈빌딩 403호
전화 070 – 8201 – 9010 / **팩스** 02 – 6280 – 0405
홈페이지 www.jpub.kr / **이메일** jeipub@gmail.com

편집부 이민숙, 이 슬, 이주원 / **소통·기획팀** 현지환 / **본문디자인** 북아이 / **표지디자인** 미디어픽스
용지 에스에이치페이퍼 / **인쇄** 해외정판사 / **제본** 광우제책사

ISBN 978-89-94506-68-5 (93000)
값 20,000원

제이펍은 독자 여러분의 책에 관한 아이디어와 원고 투고를 기다리고 있습니다. 책으로 펴내고자 하는 아이디어나 원고가 있으신 분께서는 책에 대한 간단한 개요와
차례, 구성과 (역)자 약력 등을 메일로 보내주세요. **(보내실 곳: jeipub@gmail.com)**

아마존 웹 서비스
클라우드 디자인 패턴
설계 가이드

타마가와 켄 , 카타야마 아키오, 스즈키 히로야스 지음 / 박상욱 옮김

차례

CHAPTER **2** 클라우드 디자인 패턴 적용 시나리오 _ 119

APPENDIX **부 록** _ 165

엔지니어라면 요즘 가장 많이 듣는 단어 중 하나가 "클라우드"일 것이다. IT 관련 뉴스에도 '클라우드를 이용한 시스템 구축 사례', '클라우드를 이용한 개발 사례' 등이 연일 소개되고 있다. 그러나 클라우드를 사용해 시스템을 곧바로 구축하고 개발할 수 있는 엔지니어와 개발자는 얼마나 있을까? 클라우드 시대라고 하지만 아직도 숙련된 인력과 기업은 많지 않다고 생각된다. 상당수의 기업들이 이런 환경에서 클라우드를 이용하여 무언가를 만들기 위해 무수한 시도와 실패를 반복하고 있을 것이다.

클라우드를 이용하여 시스템을 개발하면 적은 비용으로 다양한 혜택을 누릴 수 있다는 수많은 자료와 광고를 접하고 있지만, 막상 이용해 보면 생각보다 비용이 많이 발생하고 관리도 어려워 클라우드를 포기하는 경우가 많은 것 같다. 이런 문제는 클라우드에 대한 이해가 부족하여 생긴 것일 수도 있고, 클라우드를 잘못 활용하여 발생한 문제일 수도 있다.

클라우드의 장점을 살려 최적의 시스템 구축을 도와줄 적절한 가이드가 필요한데, 이 책이 바로 그 역할을 해줄 것이라 본다. 클라우드 서비스의 선두 주자인 아마존 웹 서비스 (AWS)를 이용한 총 48개의 클라우드 디자인 패턴을 알기 쉽게 설명하고 있으며, 각 패턴 도입 시에 주의해야 할 것들에 대해서도 일러주고 있다. 주로 아마존 웹 서비스를 예로 들어 설명하고 있지만, 다른 클라우드 서비스에도 충분이 적용 가능한 디자인 패턴들이다. 실제 환경을 구축해보며 클라우드 서비스를 경험할 기회를 제공하고 있어서 클라우드를 사용하려는 엔지니어와 개발자에게 꼭 추천하고 싶은 책이다. 역자 또한 이 책을 번역하면서 아마존 웹 서비스를 보다 깊이 알게 되었고, 이를 활용하여 여러 가지 시스템을 구축하며 연구하고 있다. 부디 이 책을 활용하여 클라우드의 많은 혜택과 즐거움을 느꼈으면 좋겠다.

감사의 말

부족하지만 믿고 번역을 맡겨 주신 제이펍의 장성두 실장님, 기술적으로 언제나 많은 조언을 주시는 아마존 코리아의 이수형 수석SA님과 정윤진 SA님, 정말 감사합니다. 그리고 항상 옆에서 응원을 해주시는 부모님과 장인, 장모님에게도 고마움을 표합니다. 마지막으로, 아내와 딸 지민이에게도 사랑한다는 말을 지면으로 전하고 싶습니다.

여름 같은 2013년 어느 5월에

박상욱

머리말

클라우드 컴퓨팅이 보급됨에 따라 컴퓨터 자원의 조달과 운용에 큰 변화가 일어나고 있다. 클라우드 덕분에 필요할 때 필요한 만큼의 IT 솔루션들을 저렴한 가격으로 빠르게 조달할 수 있게 되었다. 새로운 IT 세계의 개막이 펼쳐진 것이다.

특히, 2006년부터 클라우드 서비스를 제공하고 있는 아마존 웹 서비스(Amazon Web Services, 이하 AWS)의 진화는 놀라울 정도이며, 가상 서버, 스토리지, 로드 밸런서, 데이터베이스, 분산 큐, NoSQL 서비스 등 여러 종류의 인프라스트럭처 서비스를 초기 비용 없이 저렴한 종량제 모델로 제공하고 있다. 사용자는 확장성이 매우 높은 서비스를 필요할 때 필요한 만큼 빨리 조달하여 이용할 수 있다. 또한, 필요 없게 되면 바로 철거할 수 있으며, 그 순간부터 이용 요금은 적용되지 않는다.

이 클라우드 서비스는 모두 API를 갖추고 있어서 웹 상의 툴에서 컨트롤이 가능할 뿐만 아니라 사용자는 프로그램 가능한 인프라스트럭처를 컨트롤할 수 있다. 인프라스트럭처는 더 이상 변경하기 어렵고 융통성 없는 것이 아닌, 유연하게 변경이 가능한 소프트웨어적인 것이 되었다고 말할 수 있겠다.

이처럼 인프라스트럭처를 활용하면 지금까지의 상식에서 생각할 수 없었던 것이 가능하게 된다. 빠르고, 저렴하며, 안전성이 높고, 확장성 및 유연성을 가진 시스템과 애플리케이션을 구축할 수 있게 된 것이다. 이런 「인터넷 시대의 새로운 서비스 컴포넌트(=클라우드)」가 준비된 시대를 맞이하여 시스템 아키텍처 설계에 종사하는 사람에게는 새로운 각오, 새로운 발상, 새로운 표준이 필요하게 되었다. 즉, 새로운 IT 세계는 클라우드 시대의 새로운 노하우를 가진 아키텍트를 원하고 있다.

일본에서는 2011년 3월에 AWS의 데이터 센터 군(群)이 만들어졌고, 벌써 수천 개의 기업과 수많은 개발자가 AWS를 활용하여 시스템을 만들고 있다. 취미로 인프라를 이용하는 개인 개발자부터 새로운 비즈니스를 시작하는 스타트업, 비용 절감을 하려는 중소기업, 클라우드의 장점을 이용하려는 대기업, 그리고 관공서와 지자체, 교육기관에 이르기까지 정말 다양하다.

전형적인 웹 사이트, 웹 애플리케이션의 클라우드 호스팅에서 기존 사내 IT 인프라를 대신하여 일괄 처리, 빅 데이터 처리나 과학계산, 그리고 백업이나 재해 복구까지 범용적인 인프라로 사용되고 있다.

클라우드의 특징을 활용하여 지금까지 생각할 수 없었던 비즈니스 애플리케이션을 구현한 신규 업무, 신규 비즈니스, 신규 서비스로 성공한 예나 기존 시스템을 이전하여 TCO(Total Cost of Ownership)를 절감한 예도 이미 많이 존재한다.

그러나 클라우드를 사용하려다 실패한 사례가 들려오고 있고, 클라우드를 최대로 활용하여 설계를 구현하고 있는 곳이 아쉽지만 아직 많지 않은 것이 현실이다. 특히, 클라우드 특유의 장점을 활용한 설계, 확장성을 활용하기 위한 설계, 시스템 전체에 안전성을 높인 설계, 비용에 대한 장점을 고려한 설계 등이 충분히 적용된 경우는 아직 적다.

필자들은 더 많은 기업과 개발자가 클라우드를 더 잘 활용할 수 있게 하려면 무엇이 필요할까를 항상 생각해왔다. 그리고 많은 IT 엔지니어가 클라우드를 활용하여 부가가치가 높은 시스템을 만들어 비즈니스적으로도, 사회적으로도 큰 공헌을 할 수 있는 세상을 목표로 해왔다. 하지만 클라우드 보급에 하나의 큰 과제가 있음을 경험상 알게 되었는데, 바로 클라우드를 이용한 새로운 설계 노하우를 알기 쉽게 전달하는 방법이 부족하다는 것이었다. 그래서 그 해결책으로 만들어 낸 것이 이 책에서 설명하고 있는 AWS 클라우드 디자인 패턴이다. 필자들은 이 디자인 패턴을 「CDP(Cloud Design Pattern)」라고 부른다.

CDP는 클라우드를 이용한 시스템 아키텍처 설계 시에 발생하는 전형적인 문제와 그 해결책을 추상화하여 재사용이 가능하게 정리, 분류한 것이다. 지금까지 클라우드 아키텍트가 발견하고 생각해낸 설계, 운영 노하우를 재사용이 가능한 디자인 패턴이라는 형식으로 실제 사용할 수 있도록 정리한 것이라고 말할 수 있다.

CDP를 이용하면 아래의 내용이 가능해진다.

1. 가지고 있던 노하우를 활용하면 더 나은 클라우드 아키텍처 설계가 가능하게 된다.

2. 아키텍트 사이에서 공통의 단어를 사용해 대화가 가능하게 된다.

3. 클라우드가 보다 이해하기 쉬워진다.

또한, CDP의 하나하나를 설명하는 것만으로는 그 적용 구성이나 장점이 잘 전달되지 않는다. 그래서 CDP의 실제 적용 방법을 전자상거래 사이트 등 구체적인 적용 사례에 따라 해설하고 있다. 그리고 실제 적용 사례에서 비즈니스나 기술적 문제를 CDP를 활용하여 해결하는 과정을 이해하기 쉽게 집필하였다.

아무쪼록 CDP가 클라우드가 가져온 IT의 미래를 열어가는 새 시대의 아키텍트에게 좋은 길잡이가 된다면, 필자에게 있어서 이 이상 기쁜 일은 없을 것이다.

이 책의 대상 독자

이 책은 아래의 독자들을 대상으로 한다.

- 클라우드로 무엇이 가능한지 잘 모르는 분
- 지금 막 클라우드를 쓰기 시작하는 분
- 인프라를 많이 구축해본 경험이 없는 애플리케이션 엔지니어
- 신규 시스템을 클라우드를 사용해 설계하려는 분
- 기존 시스템을 클라우드로 이전하려고 하는 분
- 시스템 운용을 간편하게 하고자 하는 분
- 클라우드로 비용 절감을 하고 싶은 분

필자들은 클라우드가 IT에 종사하는 여러 분야의 분들에게 많은 장점을 가져올 것이라고 믿고 있다. 클라우드 자체는 폭넓고 깊이가 있어서 디자인 패턴과 같은 정석을 알게 되면 클라우드의 장점을 더 많이 누릴 수 있다.

이 책에는 클라우드를 이용하고 정석이 되는 디자인 패턴과 여러 시나리오에 맞춰 디자인 패턴을 활용하여 설계하는 방법을 담고 있다. 클라우드 기반 개발 경험이 많지 않은 분은 클라우드에서 어떤 아키텍처가 만들어지는지, 어떤 문제가 해결 가능한지를 알 수 있다. 또한, 이미 클라우드로 시스템을 구축, 운용하고 있는 분은 관련 시스템을 운용하는 데 있어서 보다 좋은 패턴을 찾을 수 있고, 이미 패턴이 적용되어 있는 부분은 효율적인 설계로 만들어져 있음을 확인할 수 있을 것이다.

따라서 이 책은 IT에 관련된 모든 분을 대상으로 하며, 그 모든 사람에게 유익한 정보가 될 것으로 생각한다.

이 책을 읽는 방법

이 책의 제1장 「클라우드 디자인 패턴(CDP)」에서는 클라우드 시대의 서비스 컴포넌트들을 조합한 디자인 패턴에 대해 설명하고 있다. 기본 패턴, 가용성 향상 패턴, 동적 콘텐츠의 처리 패턴 등 카테고리로 나눠 정리된 48가지의 패턴이 소개되어 있다. 클라우드를 잘 모른다면 처음부터 읽어도 좋다. 어느 정도 알고 있다면 카테고리별로 필요한 패턴을 참조하는 사전적 사용법도 가능하다.

제2장은 「클라우드 디자인 패턴의 적용 시나리오」라는 제목으로 이미지 동영상 배포 사이트, 전자상거래 사이트, 이벤트 사이트 등 구체적인 적용 사례를 실제 CDP와 AWS를 이용해 구현하는 절차를 설명하고 있다. 각각의 사이트가 가진 비즈니스 문제나 기술적 문제를 CDP를 활용하여 능숙하게 해결하는 상황을 볼 수 있다. 사용자 환경과 유사한 적용 사례를 다룸으로써 클라우드를 비즈니스에 활용하는 실전적 지식과 지혜를 알기 쉽게 전달하려고 노력했다.

또, 이 책의 부록 1에서는 CDP를 이해하는 데 있어 인터넷 기술에 대한 기본 용어를 해설하고 있다. 거기에 클라우드를 사용해보고 싶은 분이나 인프라 구축 경험이 적은 애플리케이션 엔지니어에게 유용한 정보가 적혀 있다. 부록 2에서는 CDP의 각 패턴 내에서 사용되는 기본적이고 중요한 클라우드 컴포넌트에 대해 설명하고 있다. AWS 서비스를 잘 모를 때에는 부록 2를 먼저 읽어볼 것을 추천한다.

제1장과 제2장의 그림은 Nulab사가 제공하는 웹 상의 드로우 툴(draw tool)인 Cacoo(https://cacoo.com)을 이용해 묘사하고 있다. 무상으로 제공되고 있는 아마존 웹 서비스(AWS) 공식 아이콘 집을 이용하면 같은 그림을 쉽게 묘사하거나 공유할 수 있다. https://cacoo.com/store/items/10006

이 책의 위키 사이트

이 책의 위키 사이트(http://aws.clouddesignpattern.org)에서는 CDP의 최신 정보를 접할 수 있다. AWS는 지금도 혁신을 계속하고 있고, AWS를 이용하여 CDP도 계속 갱신이 필요하다고 생각하다. 이 책에 기록한 CDP는 가능하면 영구적인 가치를 가질 수 있게 주의를 기울이겠지만, 최신 정보를 항상 따라잡고 싶은 독자는 이 위키 사이트도 참조하기 바란다.

이 책의 필자들

2011년 12월 어느 날, 클라우드 보급에 심혈을 기울이던 3인이 AWS가 태어난 고장인 시애틀의 어느 일본식 술집(분명히 WANN이라는 이름이었다)에서 술을 함께 마셨다. 술을 마시면서 클라우드에 관해 이야기를 나누었는데, 결국 공통 언어가 될 디자인 패턴과 같은 것이 필요하다는 논의에 이르게 되었고, 그 장소에서 40종류 이상의 클라우드 디자인 패턴을 노트에 적게 되었다. 이 역사적인 이벤트가 계기가 되어 CDP가 태어나게 되었다. 그 이후 3인은 「닌자 3인방(Ninja Of Three)」으로 불리며 CDP 보급을 위해 지속적인 활동을 계속하고 있다.

감사의 말

먼저, 무엇보다도 필자의 가족에게 감사드린다. 2011년 시애틀에서 필자의 CDP에 대한 발상에서부터 지금에 이르기까지 패턴만을 이야기했던 필자를 차갑고도 따뜻한 눈으로 지켜봐 주었다. 특히, 2011년 섣달그믐부터 정월까지는 가족과의 시간을 전혀 갖지 못한 채 그 시간을 CDP에 써버렸다. 가족의 지원이 없었더라면 이 책을 완성하지 못했을 것이다.

AWS 상에서 여러 가지 아키텍처를 구축해왔던 많은 아키텍트들에게 감사드리고 싶다. 뛰어난 아키텍트들의 지식 없이는 이만큼의 패턴을 만들어 낼 수 없었다. 또한, AWS 솔루션 아키텍트팀의 꼼꼼한 의견은 많은 참고가 되었다. 그리고 AWS 사용자 커뮤니티인 JAWS-UG, AWS를 지원해준 파트너 여러분과 협력사 여러분께도 감사드리며, 이벤트를 통해 CDP에 대한 많은 지원을 받을 수 있어 큰 도움이 되었다.

아마존 웹 서비스(AWS)의 스태프에게도 감사드린다. 압도적인 속도로 개발해준 서비스팀과 획기적인 아이디어와 열의로 클라우드를 이끌어온 팀에게는 항상 존경하는 마음을 가지고 있다. 그들은 분명 역사를 만들어가고 있다.

출판 프로젝트는 아마존 데이터 서비스 일본 주식회사의 나가사키 회장님과 코지마 마케팅 매니저, 그리고 아이렛 주식회사의 사토 회장님께서 강력한 후원자가 되어주셨다. 정말 감사드린다.

마지막으로, 이 책의 원고 완성을 오래 기다려주신 일경 SYSTEMS의 마쯔야마 편집장에게 정말 감사드리고 싶다.

타마가와 켄(@KenTamagawa)
카타야마 아키오(@c9katayama)
스즈키 히로야스(@suz_lab)

CHAPTER 1

클라우드
디자인 패턴
(CDP)

▌설 명

48개의 클라우드 디자인 패턴(CDP, Cloud Design Pattern)을 아래의 9개로 분류하여 소개한다.

■ **기본 패턴**

Snapshot, Stamp, Scale Up, Ondemand Disk

■ **가용성 향상 패턴**

Multi-Server, Multi-Datacenter, Floating IP, Deep Health Check

■ **동적 콘텐츠 처리 패턴**

Scale Out, Clone Server, NFS Sharing, NFS Replica,
State Sharing, URL Rewriting, Rewrite Proxy,
Cache Proxy, Scheduled Scale Out

■ **정적 콘텐츠 처리 패턴**

Web Storage, Direct Hosting, Private Distribution,
Cache Distribution, Rename Distribution,
Private Cache Distribution

■ **데이터 업로드 패턴**

Write Proxy, Storage Index, Direct Object Upload

■ **관계 데이터베이스 패턴**

DB Replication, Read Replica, Inmemory DB Cache,
Sharding Write

- **일괄 처리 패턴**

  Queuing Chain, Priority Queue, Job Observer,
  Scheduled Autoscaling

- **운용 보수 패턴**

  Bootstrap, Cloud DI, Stack Deployment, Server Swapping,
  Monitoring Integration, Web Storage Archive, Weighted Transition

- **네트워크 패턴**

  OnDemand NAT,
  Backnet, Functional Firewall, Operational Firewall,
  Multi Load Balancer, WAF Proxy, CloudHub

각 CDP는 다음의 항목으로 나누어 설명하고 구조를 그림으로 표시한다. CDP는 Amazon Web Service(AWS)만을 가정한 것이 아니기 때문에 「해결하고 싶은 문제」는 일반적인 클라우드 용어를 사용해 설명. 「클라우드에서의 해결/패턴 설명」이하는 AWS 용어를 사용한다.

해결하고 싶은 문제

이 패턴이 해결해야 하는 문제나 이 패턴을 적용할 수 있는 문제, 또한 패턴으로 정의하게 된 동기에 대해 설명. 가상 서버 등의 일반적인 용어로 설명하고 있다.

클라우드에서의 해결/패턴 설명

클라우드 상에서 어떤 문제를 해결할 것인가, 어떤 패턴인지, 어떤 구성으로 패턴이 되어 있는지를 설명. AWS 용어인 EC2 등을 사용하여 해설하고 있다.

구현

패턴을 AWS에 어떻게 구현할 것인지에 대하여 설명

장점

이 패턴을 적용할 때의 장점을 설명

주의점

이 패턴을 적용하는 경우 주의점이나 적용에 따른 단점, 장점과 단점의 트레이드 오프 (trade off)에 대한 설명

기타

관련 패턴이나 다른 패턴과의 비교, 적용 사례 등의 부가 정보

가상 서버		: EC2(Amazon Elastic Compute Cloud)
가상 디스크		: EBS(Amazon Elastic Block Store)
인터넷 스토리지		: S3(Amazon Simple Storage Service)
서버 이미지		: AMI(Amazon Machine Image)
가상 로드 밸런서		: ELB(Elastic Load Balancing)
DNS 서비스		: Route 53(Amazon Route 53)
시스템 감시		: CloudWatch(Amazon CloudWatch)
콘텐츠 배포		: CloudFront(Amazon CloudFront)
콘텐츠 배포		: 에지 서버 (Amazon CloudFront 캐시 지역)
오토 스케일링		: Auto Scaling
KVS		: Amazon SimpleDB, Amazon DynamoDB
RDBMS		: RDS(Amazon Relational Database Service)
인메모리 캐시		: ElastiCache(Amazon ElastiCache)
큐잉		: SQS(Amazon Simple Queue Service)
스택 디플로이먼트		: CloudFormation(Amazon CloudFormation)
VPN 게이트웨이		
VPN 라우터		
물리 서버		

구조를 나타내는 그림으로 사용하고 있는 아이콘은 AWS의 각종 서비스를 가리키고 있다.
자세한 것은 부록 2를 참조하길 바란다.

기본 패턴

1. Snapshot 패턴
데이터 백업

해결하고 싶은 문제

데이터는 무엇보다도 중요한 것이 「안전」하게 다뤄야 한다는 것이다. 그러기 위해서는 백업을 빠트릴 수 없다. 구체적인 예로, 테이프를 이용해 백업한 데이터를 다른 장소에 보관하는 방법이 있다. 그러나 테이프 백업은 테이프 교환이나 보관하는 데 비용이 들고, 이런 작업은 자동화하기 힘들다. 고가의 장비를 구입하면 반자동화가 가능하지만, 테이프 용량이 정해져 있어 용량을 추가해야 하고 완전 자동화는 어렵다.

클라우드에서의 해결/패턴 설명

클라우드에서는 안전하고 용량 제한 없는 인터넷 스토리지(웹 스토리지라고도 함)를 비교적 싼 비용으로 이용이 가능하다.

어떤 순간의 데이터를 복제하는 백업을 「스냅샷」이라고 하는데, 클라우드에서는 자주 사용하는 개념이다. 클라우드에서의 가상 서버 데이터(OS 포함)나 그 외 데이터를 인터넷 스토리지에 복제하는 것이 간단하며, 스냅샷을 정기적으로 실행하는 것이 어렵지 않다. 클라우드에서 스냅샷은 관리화 측면에서 원클릭으로 실행이 가능하고, API를 이용하는 것도 가능하다. 그래서 프로그램을 사용하면 자동화가 가능하다는 것이다. 인터넷 스토리지는 용량 제한이 없기 때문에 프로그램으로 스냅샷을 정기적으로 실행한다면 백업을 자동화하는 것이 가능하다.

또한, 프로그램 업데이트 확인이나 테스트 환경을 일시적으로 만들 때 어떤 특정 데이터 일부분을 이용해 환경을 만들고 싶다는 요구가 많다. 그런 경우 데이터뿐만 아니라 OS별로 복제해야 하는데, 스냅샷을 이용하면 OS별로 복제할 수 있어 이런 요구도 만족시킨다.

구현

AWS의 가상 스토리지인 EBS에는 스냅샷 기능이 있어 그 기능을 사용한다. 취득한 스냅샷은 99.999999999%의 안전성을 가지게 설계된 오브젝트 스토리지 S3에 보관된다.

EBS의 스냅샷 기능을 이용하면 EBS에 포함된 데이터가 전부 S3에 복제된다. S3에 저장된 스냅샷은 새로운 EBS로 복원이 가능하다. EBS의 데이터가 파손되거나 없어져도 스냅샷을 실행했던 시점의 데이터를 S3에서 복원할 수 있다.

EBS를 데이터 디스크로 사용하고 있는 경우에 스냅샷을 실행하면 임의의 시점의 데이터 백업이 된다. 용량 제한이 없기 때문에 필요할 때 필요한 만큼 새로운 백업이 가능하다.

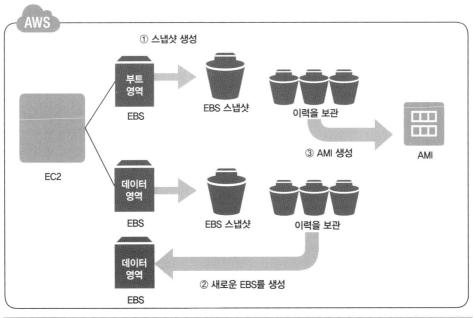

그림 1-1 Snapshot 패턴의 구조

EBS를 부트 디스크로 사용하고 있다면 OS별로 복제되고 그것은 AMI로 등록된다. 그 데이터로 새로운 EC2 인스턴스 가동이 가능하다.

장점

- 백업을 프로그램으로 제어가 가능하다. 따라서 수동이 아닌 자동화가 가능하다.
- 백업 공간으로 안전성이 높은 S3를 이용할 수 있다.
- EBS의 데이터 전부가 백업이 가능하고, 저장한 백업은 신속하게 새로운 EBS로 이용이 가능하다. 만일의 장애 시에도 간단하게 복구가 가능하다.
- 사용자 데이터뿐만 아니라 OS별 백업이 가능하다.
- OS별로 저장한 백업은 AMI로 등록이 가능하기 때문에 새로운 EC2 인스턴스를 가동하는 것이 가능하다.
- 특정 상태(예를 들어, 애플리케이션 재설치 후나 데이터 업데이트 후)의 데이터 저장이 가능하고, 용량의 제한이 없기 때문에 복수의 세대(世代, generation)를 저장해둘 수 있다. 장애나 문제가 있을 때는 간단하게 환경 재현이 가능하고 임의의 시점으로 되돌릴 수 있다.

주의점

- 스냅샷을 실행할 때 데이터의 정합성을 확보해야 한다. EBS를 마운트한 상태에서 저장할 경우는 파일 시스템(EXT3나 NTFS)의 캐시를 뺀다든가 애플리케이션의 트랜잭션을 끝내는 등 논리적 정합성을 가진 상태에서 스냅샷을 실행할 필요가 있다.
- 일반적으로 부트 디스크의 데이터 크기가 작으면 가상 서버 가동이 빠르다. 또한, 정기적으로 이루어지는 디스크 체크(리눅스의 경우 fsck) 시간도 빠르다.

기타

부트 영역보다 데이터 영역이 빈번하게 백업이 이루어지기 때문에 부트 영역과 데이터 영역을 별도의 EBS로 나누어 놓기도 한다.

2. Stamp 패턴
서버 복제

해결하고 싶은 문제

가상 서버에 필요한 OS나 애플리케이션의 설정은 물리 서버와 같이 수고와 시간, 비용이 든다.

가상 서버는 하드웨어에 의존하지 않는 서버, 즉 소프트웨어적 서버다. 그 실체는 물리 서버에 에뮬레이트된 여러 대의 서버인 것이나. 물리 서버에 큰 변경 없이 가상 서버가 마치 물리 서버처럼 작동한다. 가상 서버 생성은 필요할 때 즉시 생성할 수 있고 언제든지 삭제할 수 있기 때문에 높은 편리성을 가진다.

물리 서버보다 가상 서버를 사용할 기회가 증가하고 있지만, 가상 서버를 이용하기 위해 필요한 설정(예를 들어, OS의 설정이나 애플리케이션 설치 및 설정)은 여전히 물리 서버와 비슷하게 소요되며, 수고와 시간, 비용이 든다.

클라우드에서의 해결/패턴 설명

클라우드를 이용하면 가상 서버에 OS나 미들웨어, 애플리케이션의 각종 설정을 완료한 상태의 서버 이미지를 만들 수 있고, 그 이미지를 이용해 새로운 가상 서버를 가동할 수 있다. 즉, OS나 미들웨어, 애플리케이션을 한번 설정하면 그 이미지를 복사해두고 언제든 재이용이 가능하다. 마치「스탬프(stamp)」를 찍듯이 가상 서버를 복제하여 환경 설정이 끝난 가상 서버를 대량으로 준비가 가능하다.

원래는 환경 설정이 끝난 물리 디스크를 다른 물리 디스크에 복사하거나 특별한 백업 소프트웨어로 디스크에서 디스크로 복사했지만, 모두 수고와 비용이 들고 대량으로 빠르게 하기는 어려웠다. 클라우드에서 서버나 디스크 등의 자원을 논리적으로 다룰 수 있어 이런 작업을 쉽게 할 수 있다.

구현

OS의 부트 영역이 있는 EBS로부터 AMI를 만들면 AMI로부터 EC2 인스턴스의 가동이 가능하다. 따라서 동일한 설정의 EC2 인스턴스를 대량으로 만들 수 있다.

- EC2 인스턴스를 가동하고 필요한 소프트웨어를 설치한다
- 필요한 설정을 하고 서버로 동작하게 만든다.
- 작동 확인 후 AMI를 취득하고 등록한다.
- 그 AMI를 이용해 필요할 때 필요한 수만큼 서버를 만든다.

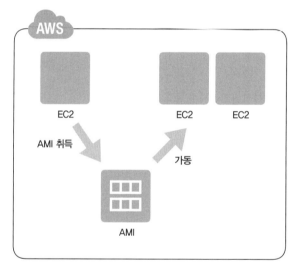

그림 1-2 Stamp 패턴의 구조

장점

- 환경 구축이 끝난 AMI를 이용하면 그 기반으로 만들어진 EC2 인스턴스에는 설정 작업이 필요 없다.

- 동일한 OS, 데이터, 설정의 EC2 인스턴스를 수백 대라도 만들 수 있다.

- 스트립트를 사용해 EC2 인스턴스를 가동하는 경우도 환경 구축이 끝난 AMI라면 설정 작업은 필요 없기 때문에 스크립트를 간단하게 만들 수 있다.

- 만든 AMI는 자신만 사용하는 것이 아니고 필요에 따라 AMI를 특정 사용자에게 공유하거나 AMI를 공개할 수 있다.

주의점

- 어느 시점에서 스냅샷을 저장할까, 어느 정도 시점에서 AMI를 갱신할까는 경우에 따라 다르다. 시스템의 요건에 맞춰 할 필요가 있다.

- 동일한 설정의 EC2(가상 서버)가 복제되기 때문에 가상 서버마다 설정이 바뀔 항목이 있는 경우에는 적절한 방법을 연구할 필요가 있다.

- 일단, AMI를 만들어 버리면 기본 OS에 패치가 되었을 때나 버전이 올라갔을 때 자동적으로 AMI에 반영되지 않는다. AMI에 대해 개별적으로 패치나 버전을 올리는 작업이 필요하다.

기타

운용 보수 패턴인 「Bootstrap 패턴」에서도 같은 기능을 사용할 수 있다. Bootstrap 패턴은 Stamp 패턴보다 유연하게 OS나 미들웨어를 구성할 수 있다. 따라서 트레이드 오프(trade off)를 고려하여 두 가지 패턴을 적절하게 나눠 사용할 필요가 있다.

3. Scale Up 패턴
동적 서버 사양 업/다운

해결하고 싶은 문제

일반적으로 실제 가동 후에 필요한 서버 자원을 개발 단계에서 예측하기는 어렵다.

가동 후에 서버 자원이 부족하면 충분한 기능을 제공하지 못하거나 일괄 처리가 기한 내에 끝나지 않을 수 있다. 반대로, 서버 자원이 많으면 불필요한 비용이 발생하게 되며, 실제로 손실로 이어지게 된다.

시스템 가동 후에 서버 자원을 자유롭게 변경하는 것이 바람직하지만, 서버 자원은 물리적 장비 사양에 의존하기 때문에 어렵다.

클라우드에서의 해결/패턴 설명

클라우드에서는 가상 서버의 사양(CPU, 메모리 사이즈 등)을 필요에 따라 변경할 수 있다. 가상 서버를 가동한 후에도 사양 변경이 가능하다.

가동 후에 자원이 부족한 경우 기존에는 물리 서버를 교환하고 OS를 재설치해야 했지만, 클라우드에서는 필요 없다. 일단, 가상 서버를 가동하고 시스템을 가동해 자원 이용량을 확인하면서 서버 사양을 변경하면 된다.

구현

- EC2 인스턴스를 가동하고 시스템을 구축한다.

- vmstat나 자원 모니터, CloudWatch 등으로 자원 이용량을 파악하고, 사양이 부족하거나 남을 경우는 EC2 인스턴스를 정지하고 AWS Management Console의 Change Instance Type 메뉴에서 인스턴스 타입을 변경 후 가동한다.

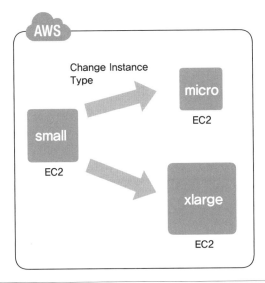

그림 1-3 Scale Up 패턴의 구조

장점

- 시스템의 설계, 개발 시에 정확히 서버 사양을 측정하지 않아도 된다.

- 자원 부족으로 인해 시스템이 정지하여 고객에게 서비스를 하지 못하는 기회 손실을 줄일 수 있다.

- 자원이 많다고 판단되면 낮은 사양으로 바꿀 수 있어서 비용 측면에서도 절약할 수 있다.

주의점

- 서버 사양을 변경할 때 EC2 인스턴스를 일단 정지시켜야 한다. 그때 수십 초에서 수 분간 오프라인 상태가 된다.

- 사양 변경이 가능하다고 해도 인스턴스 타입의 상한을 넘을 수 없다. 따라서 처리 성능이 가장 높은 인스턴스 타입을 선택해도 자원이 부족할 경우는 Scale Out 패턴을 채용하거나 캐싱이나 AWS의 다른 서비스로 대체하는 것을 검토해야 한다.

기타

■ 처리 최고치가 예측 가능하다면 거기에 맞춰 자동적으로 서버의 사양을 변경할 수 있다. 예를 들어, 월말에 부하가 많은 종합 처리를 할 때는 그 시점에만 높은 사양으로 변경하고 그 외에는 낮은 사양으로 변경되는 스케줄을 넣을 수 있다.

■ 처리 대기가 많이 필요할 때는 일시적으로 서버 사양을 변경하여 상황에 맞춰 애플리케이션이나 데이터베이스의 성능을 개선하고 서버 사양을 원래의 상태로 되돌려 사용할 수도 있다. 특히, 액세스 수를 예측할 수 없는 고객 대상으로 하는 서비스에서 DB 서버 등의 스케일 아웃(Scale Out)이 어려운 상황에 자주 사용된다.

■ Scale Out 패턴을 참조한다.

4. Ondemand Disk 패턴
동적 디스크 용량 증감

해결하고 싶은 문제

시스템에 이용하는 디스크 용량을 사전에 예측하기는 어렵다. 그래서 시스템을 가동할 때 안전계수(정상적으로 시스템이 가동되는 디스크 용량)를 계산하여 몇 년 후 예상되는 용량의 디스크를 준비하는 경우가 많다. 그 디스크는 바로 사용하지 않을 뿐만 아니라 실제로 몇 년이 지나도 사용하지 않을 수도 있다. 그런 디스크에 비용을 지불하게 된다.

또, 디스크의 I/O 성능을 높이고 싶을 때 디스크 스트라이핑(disk striping)으로 구성하는 것이 효과적이다. 그러나 스트라이핑을 테스트하는 경우 필요한 디스크 수를 미리 계산하기 어렵고, 또한 테스트를 하는 것도 하드웨어에 대한 초기 투자가 필요하다.

클라우드에서의 해결/패턴 설명

클라우드에서는 가상 디스크 이용이 가능하다. 가상 디스크는 언제나 필요한 시점에 필요한 만큼 용량 확보가 가능하다.

가상 디스크를 이용하면 정확하게 계산하지 않아도 된다. 시스템을 가동시키고 이용량을 보면서 필요한 용량의 디스크를 온디맨드(OnDemand)로 확보하면 된다.

디스크는 매년 용량 단가가 낮아지는 경향이 있어 필요할 때 확보한다는 것은 비용면으로 볼 때 장점이 있다. 또, 일시적으로 대용량 디스크가 필요할 때는 원래 대용량 디스크를 구해 장착해야 했지만, 가상 디스크는 필요할 때 장착하고 사용이 끝나면 폐기하면 된다.

구현

AWS의 가상 디스크 EBS를 사용하면 언제든지 필요한 시점에 필요한 용량 확보가 가능하다.

- EBS를 이용할 때 최초에는 최소한의 사이즈 볼륨을 확보해둔다.
- 더 많은 디스크 용량이 필요할 때 EBS 스냅샷을 저장하고 그 스냅샷을 기반으로 새로운 EBS를 만든다.
- 새로운 EBS를 만들 때 원래 볼륨보다 큰 볼륨 사이즈를 지정한다.
- 새로운 EBS를 EC2 인스턴스에 할당한다.
- 할당 후 이용하고 있는 파일 시스템의 사이즈 변경 명령어(예를 들어, resize2fs)로 할당한 용량까지 영역을 확장한다.
- 스트라이핑을 할 때는 복수의 EBS를 할당하고, mdadm이나 OS의 기능을 이용하여 소프트웨어 RAID 디스크로 구성한다.

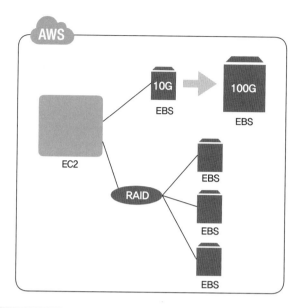

그림 1-4 Ondemand Disk 패턴의 구조

장점

- 나중에 볼륨 사이즈를 변경할 수 있어 용량 계산 시에 부담이 적다.
- 필요할 때 디스크 용량을 확보할 수 있어 비용면에서도 장점이 있다.
- 스트라이핑을 하면 디스크 I/O 성능이 향상된다.

주의점

- EBS는 S3와 달리 확보한 디스크 용량에 대해 요금이 부과된다. 예를 들어, 100기가바이트의 영역을 확보하고 실제 5기가바이트만 사용해도 100기가바이트로 요금이 부과된다.
- 하나의 EBS에 설정 가능한 디스크 용량 상한은 (2012년 4월 시점) 1테라바이트다. 그래서 단일 파티션에 1테라바이트 이상의 용량이 필요할 때는 복수의 EBS를 할당하여 mdadm 등의 소프트웨어로 단일 볼륨으로 만들어 사용한다.

기타

EBS는 네트워크로 액세스하는 디스크 볼륨이기 때문에 보다 큰 사이즈의 EC2 인스턴스를 이용하는 편이 I/O 성능을 높일 수 있다. 특히, 스트라이핑을 할 때 EC2 인스턴스 사이즈에 주의해야 한다.

가용성 향상 패턴

5. Multi-Server 패턴
서버 이중화

해결하고 싶은 문제

가용성을 높이는 방법은 여러 가지이며, 계층별로 다양한 방법이 있다. 예를 들어, 디스크 계층은 RAID를 구축하고 네트워크 계층은 예비 회선을 준비한다.

서버도 마찬가지로, 이중화를 위해 여러 대의 물리 서버를 준비하는 방법도 있다. 단순히 서버 대수를 늘리는 것으로 이중화가 되는 것은 아니다. 또한, 서버 장비나 로드 밸런서 등 이중화에 필요한 기기를 준비한다는 것은 꽤 비용이 들어가기 때문에 비용 대비 효과를 감안하면 엄두를 낼 수 없는 경우도 있다.

클라우드에서의 해결/패턴 설명

가상 서버 여러 대를 배치하고 클라우드 서비스로 제공되는 로드 밸런서를 이용해 적절히 부하를 분산(로드 밸런싱)한다. 이것을 「Multi-Server」라고 한다. 온프레미스(on-premise)에서도 가능하지만, 클라우드에서는 온프레미스보다 훨씬 환경을 만들기 쉽다.

이전에는 로드 밸런서 자체가 값비싼 장비라서 도입과 보수에 비용 부담이 있었다. 클라우드에서는 로드 밸런서도 종량제 방식으로 이용할 수 있다. 또한, 단일 처리 성능이 높은 서버에서 이중화를 고려하여 처리 능력이 조금 낮은 서버를 여러 대 놓는 구성으로 바꾸는 것도 쉽다.

구현

AWS의 로드 밸런스 서비스 「ELB」를 이용한다. EC2의 처리 요청을 일단 ELB에서 받고, ELB에 연결된 EC2에 적절히 처리를 분배한다. ELB에는 상태 확인 기능(EC2가 정상적으로 가동 중인지를 확인하는 기능)이 있어 정상이 아닌 EC2에는 처리를 할당하지 않는다. 하나의 EC2에 장애가 발생해도 나머지 EC2를 이용해 계속 처리할 수 있다.

- EC2 인스턴스를 만들고 OS 등을 설정한다.
- Stamp 패턴을 활용해 EC2 인스턴스를 여러 대 가동한다.
- ELB를 가동하고 여러 대의 EC2 인스턴스를 할당한다.
- 상태 확인 기능을 이용하여 할당한 EC2 인스턴스의 상태를 확인하도록 설정한다.

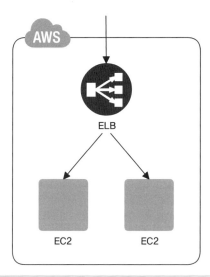

그림 1-5 Multi-Server 패턴의 구조

장점

- 특정 EC2 인스턴스에 장애가 일어나도 전체 시스템은 계속 가동할 수 있다.

- ELB와 오토 스케일링(Auto Scaling)을 같이 사용하면 장애가 일어나도 일정 수의 가상 서버(EC2 인스턴스)를 가동시킬 수 있다. 예를 들어, 최저 세 대는 가동하여 설정을 해 두면, 한 대의 서버에 장애가 발생해도 자동적으로 한 대가 추가되어 언제나 세 대를 유지할 수 있다. 이 경우에는 사전에 적절한 AMI를 지정하고 그 AMI로 EC2를 가동하도록 지정해둘 필요가 있다.

주의점

- ELB와 여러 EC2를 이용하기 때문에 단일 구성보다 비용이 발생한다.

- 미들웨어 레벨이나 애플리케이션 레벨에 공유할 데이터가 있을 때는 주의해야 한다. 예를 들어, 세션 정보는 여러 대의 EC2 간에 공유해야 해서 세션 DB를 이용한 세션 공유나 스티키세션(StickeySession)을 이용해야 한다. State Sharing 패턴을 참조한다.

- 항상 N+1 구성(예비 서버 한 대를 준비)으로 한다. 예를 들어, 처리 능력으로 가상 서버 세 대가 필요하다면 한 대가 정지되어도 (예비 서버 한 대를 넣어서) 네 대 구성으로 한다.

- 데이터베이스를 이중화할 때는 데이터 동기 문제가 있다. DB Replication 패턴을 참조한다.

기타

Multi-Server 패턴은 항상 이중 구성을 유지하여 가용성을 높이지만, Floating IP 패턴을 이용하면 빠른 복구를 할 수 있다.

6. Multi-Datacenter 패턴
데이터 센터 레벨의 이중화

해결하고 싶은 문제

서버 장애를 고려할 때 가용성을 높이는 데는 Multi-Server 패턴이 적절하지만, 데이터 센터 레벨(예를 들어, 정전이나 지진, 네트워크 장애)의 장애를 고려할 때는 Multi-Server 패턴으로 대처할 수 없다.

데이터 센터 레벨의 장애를 고려할 때는 여러 곳의 데이터 센터를 이용할 필요가 있다. 그러나 충분한 거리를 둔 데이터 센터를 여러 곳 확보하고 거기에 시스템 이중화를 위해 물리 하드웨어를 구입하기에는 상당한 비용이 든다. 또한, 조달이나 세팅에도 시간이 들기 때문에 비용 대비 효과를 생각하면 실현하기 어려운 경우가 많다.

또, 가용성을 높이기 위해 단순히 여러 곳의 데이터 센터를 준비하는 것 이외에 데이터의 동기나 데이터 센터 간의 통신을 고려해 고속 전용선으로 구성할 필요가 있고, 이 또한 실현을 방해하는 요인이다.

클라우드에서의 해결/패턴 설명

클라우드 서비스를 제공하는 데이터 센터는 여러 곳이 있고, 각 데이터 센터 간의 전용선을 구성되어 있는 곳이 많다. 이용자마다 이용하는 데이터 센터 지정이 가능하기 때문에 부하에 따라 시스템을 각 데이터 센터에 (가상 서버를 이용하여) 구축한다. 여러 곳의 데이터 센터에 분산 배치한 시스템을 지금까지와 비교해 간단하고 저렴하게 실현할 수 있다. 데이터 센터 레벨의 장애나 재해가 발생해도 견딜 수 있게 된다.

구현

AWS는 도쿄나 싱가폴 등의 지역에 가용존(Availability Zone, AZ)이라는 데이터 센터가 여러 곳이 존재한다. 이용할 가용존은 선택할 수 있고, EC2 인스턴스를 어느 가용존에 배치할지는 이용자가 자유롭게 결정할 수 있다. 가용존 끼리는 고속 전용선이 연결되어 있어 가용존 간의 시스템 구축이 가능하다.

구현은 Multi-Server 패턴과 거의 같다. 다른 점은 EC2 인스턴스의 배치로 인스턴스 가동 시에 다른 가용존을 선택한다. ELB는 자동으로 여러 곳의 가용존에 구성되어 이용자가 설정을 의식할 필요가 없다. 또한, 웹 계층뿐 아니라 DB 계층이 존재할 때도 모든 계층을 다른 가용존에 구축한다.

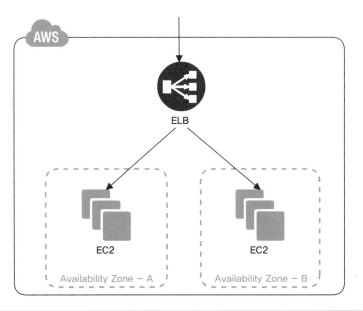

그림 1-6 Multi-Datacenter 패턴의 구조

장점

- 데이터 센터 레벨의 큰 장애가 발생해도 서버스가 지속 가능한 시스템을 구축할 수 있다.
- 동일본 대지진 이후 주목받고 있는 재해 복구(DR) 구성을 싸고 빠르게 구축할 수 있다.
- AWS는 가용존마다 초기 비용이나 월 정액 요금이 들지 않아 단일 가용존을 이용해도, 여러 가용존을 이용해도 비용은 변하지 않는다.

주의점

- 마스터 슬레이브 구성의 DB를 이용하는 경우는 가용존 어느 한쪽에 마스터를 두게 된다. 가용존 산은 고속 전용선이 연결되어 있어도 가용존 간의 통신 속도가 떨어진다. 가용존 간의 통신 속도가 병목 구간이 되지 않게 주의한다.
- 가용존 간 통신 속도가 걱정이 된다면 애플리케이션이나 HAProxy 등의 미들웨어에서 기본적으로 같은 가용존의 EC2와 통신하게 하고, 그 EC2에 장애가 있을 때 다른 가용존의 EC2와 통신이 되도록 제어할 수 있다.
- 높은 레벨의 안전성을 위해 필요한 대수의 서버를 각 가용존에 이중으로 배치해야만 한다. 예를 들어, 세 대의 서버가 필요한 경우는 각 가용존에 서버를 세 대씩 배치해야 한다. 그러지 않은 경우 한쪽 가용존에 장애가 발생하면 그 부하 처리를 할 수 없게 된다.
- (2012년 4월 시점의) ELB는 여러 가용존을 통한 이중 구성은 제공하지만, 지역 간의 이중 구성은 지원하지 않는다.

기타

- 여러 가용존을 이용하면 가용존 간의 통신 비용이 들긴 하지만 저렴(2012년 4월 시점에 1기가바이트당 0.01달러)하다. 따라서 여러 대의 서버로 이중 구성을 할 때는 기본적으로 Multi-Datacenter 패턴을 추천한다.

7. Floating IP 패턴
IP 어드레스 동적 이동

해결하고 싶은 문제

서버를 패치하거나 (처리 능력을 높이기 위해) 서버를 업그레이드할 때는 서버의 정비가 필요하다. 서버의 정지는 그대로 서비스의 정지로 연결되기 때문에 정지 시간을 가능한 한 최소화해야 한다.

웹 서버의 경우는 DNS 구조를 이용해 서버를 변경할 수 있다. 다만, 그런 경우 일반적으로 TTL(Time to Live) 값보다 서버가 변경되는 시간을 짧게 할 수 없어서 즉시 변경하려는 구성에는 적합하지 않다.

클라우드에서의 해결/패턴 설명

기존 물리 서버의 경우, 서버 정지에 대비하여 예비 서버를 준비해 놓는다. 서비스용 서버가 정지한 후 예비 서버를 가동하여 (서비스용 서버의) IP 어드레스를 설정하면, 서비스용 서버를 대신하여 처리가 가능하다.

클라우드에서는 이와 같은 것이 훨씬 짧은 시간에 쉽게 구현할 수 있다. 서버 이미지를 준비해두면 필요할 때 필요한 가상 서버를 가동할 수 있다. 또한, IP 어드레스를 지정하는 API도 있기 때문에 서버의 가동부터 IP 어드레스 설정까지 스크립트를 이용하여 자동화할 수 있다.

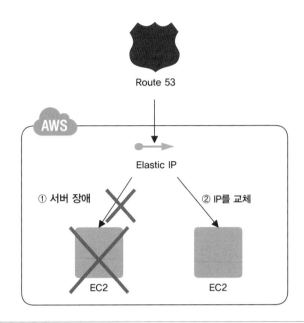

그림 1-7 Floating IP 패턴의 구조

구현

AWS에서 사용할 수 있는 고정 IP 어드레스를 「EIP(Elastic IP Address)」라고 한다. 이것을 이용하면 IP 어드레스를 변경할 수 있다. 기존 EC2 인스턴스의 EIP를 분리하여 다른 EC2 인스턴스에 연결하면, 서비스를 제공하는 가상 서버를 변경할 수 있다.

- EC2 인스턴스에 EIP를 할당

- 장애나 업그레이드 시에 새로운 EC2 인스턴스를 가동한다. 가동할 때 Stamp 패턴 등을 이용해도 좋다. 또한, 보다 빨리 변경하기 위해 다른 EC2 인스턴스를 가동해둬도 된다.

- 인스턴스를 가동하고 현재 EC2 인스턴스로부터 EIP를 분리하여 새로운 EC2 인스턴스에 연결한다.

장점

- EIP를 바꾸는 것이기 때문에 DNS의 TTL에 영향을 주지 않고 서버를 변경할 수 있다.

- 업그레이드 시 만약 변경할 서버에 에러가 발생해도 바로 기존 서버에 EIP를 설정하면 폴백(FullBack)이 가능하다.

- EIP는 다른 가용존에도 적용되기 때문에 가용존 레벨의 장애가 있어도 다른 가용존에 있는 서버의 EIP를 바꿀 수 있다.

주의점

- EIP를 변경하는 데에는 일반적으로 몇 초 정도 시간이 걸린다.

- VPC(Virtual Private Cloud)의 경우는 네트워크 카드에 고정의 사설 IP 어드레스를 할당할 수 있다. 네트워크 카드를 다른 EC2 인스턴스에 부여할 수 있어서 사설 네트워크에서도 이 패턴을 적용할 수 있다. 그러나 VPC에서는 서브넷을 넘는 어드레스를 바꿀 수 없는 점에 주의한다. 해당 EIP에 SSH 접속을 하고 있을 경우는 같은 IP로 서버가 바뀐다. 따라서 서버가 바뀌게 되어 경고가 표시되고 로그인이 되지 않는 경우가 있다.

기타

- 장애 감시 중 하트비트(HeartBeat)나 나기오스(Nagios), 자빅스(Zabbix) 같은 감시 소프트웨어를 이용해도 된다. EIP의 변경은 프로그램으로 구현이 가능하기 때문에 감시 소프트웨어와 같이 사용하면 자동화를 할 수 있다.

- Server Swapping 패턴과 같이 사용하면 EIP를 변경하고 EBS도 바꿔 데이터를 넘겨받을 수 있다.

- 예비 서버로의 변경은 EIP를 이용하지 않고 ELB를 이용해 상태 확인 파일을 추가/삭제하여 하는 방법도 있다.

8. Deep Health Check 패턴
시스템 상태 확인

해결하고 싶은 문제

로드 밸런서의 상태 확인 기능을 이용하면 로드 밸런서에 연결되어 있는 서버의 상태를 확인하고 처리를 분배할 수 있다.

웹 서버, 프락시 서버, AP 서버, DB 서버의 구성에서 웹 서버 앞에 로드 밸런서가 있는 경우를 생각해보자. 로드 밸런서는 웹 서버의 상태를 확인하고 상태가 좋지 않은 웹 서버를 분리시킬 수 있다. 그러나 프락시 서버와 AP 서버, DB 서버 등 그 뒤에 위치하는 서버의 상태를 로드 밸런서는 파악할 수 없다.

클라우드에서의 해결/패턴 설명

클라우드의 로드 밸런서가 가진 상태 확인 기능을 이용해 PHP나 자바서블릿 등의 동적 페이지(프로그램)를 확인하게 설정해둔다. 그 프로그램으로 웹 서버, 프락시 서버와 AP 서버, DB 서버 등의 동작을 확인하고, 그 결과를 로드 밸런서에 넘긴다. 이렇게 하면 시스템 전체의 상태 확인이 가능하다.

구현

AWS의 로드 밸런서 서비스 ELB의 상태 확인 기능은 특정 URL의 HTTP(S) 액세스 성공 여부에 따라 상태를 확인한다. 이를 이용해 상태 확인 대상을 동적 페이지로 설정한다. 로드 밸런서, 웹 서버, 프락시 서버, AP 서버, DB 서버로 구성된 시스템을 예로 들겠다.

- ELB를 가동하고 상태 확인 기능을 활성화한다.
- AP 서버에 동작하는 프로그램을 만든다. 그 프로그램은 DB에 액세스한다.

- ELB 상태 확인 URL은 위의 프로그램으로 지정하고, 그 URL에 대한 요청에 대해 프로그램이 동작하게 설정한다.

- ELB로부터 상태 확인을 한다.

장점

- 시스템의 동작에 필요한 모든 서버의 상태 확인이 가능하다.

- 상태 확인에 응답하는 프로그램 작성 방법에 따라서는 폐국(요청을 받지 않게 함) 처리를 하거나 장애 내용에 따라 사용자가 지정한 에러 정보를 출력할 수 있다.

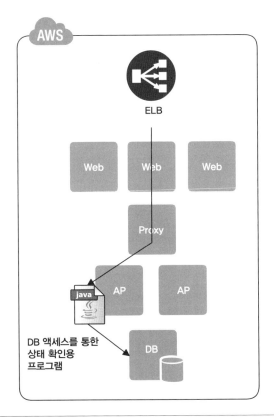

그림 1-8 Deep Health Check 패턴의 구조

주의점

■ 서버 수가 많을 때는 상태 확인 자체가 부하를 줄 수 있어 상태 확인 간격을 고려한다.

■ DB 서버가 SPOF(단일 고장점)로 된 경우, 그 서버가 정지하면 (뒷단에 위치한 서버를 확인하는 프로그램을 만드는 방법에 따라) 과잉반응을 보이면서 모든 서버를 정지시킬 위험이 있다.

■ DB 서버 부분이 SPOF로 되지 않게 DB Replication 패턴을 같이 사용하는 것이 좋다.

동적 콘텐츠 처리 패턴

9. Scale Out 패턴
서버 수의 동적 증감

해결하고 싶은 문제

웹 서비스에서 과도한 트래픽 요청을 처리하기 위해서는 높은 사양의 서버가 필요하다. 더 높은 사양의 서버로 처리 능력을 높이는 방법을 「스케일 업」이라고 하며, 이 방법에는 몇 가지 문제가 존재한다. 일반적으로 높은 사양의 서버는 사양이 올라감에 따라 처리 단가가 올라간다. 또한, 서버 사양에는 제한이 있어 무제한 높은 사양으로 만들 수도 없다.

클라우드에서의 해결/패턴 설명

같은 사양의 서버를 여러 대 배치하고 높은 트래픽 요청을 처리하는 방법을 「스케일 아웃」이라고 한다.

여러 대의 가상 서버를 가동하고 로드 밸런서를 이용해 각 가상 서버에 부하를 분산한다. 시스템에 따라서는 매주 또는 매일 시간 단위로 트래픽이 급격하게 증감할 수 있다. 클라우드에서는 그렇게 변동이 심한 트래픽 양에 맞춰 처리를 담당하는 가상 서버의 수를 동적으로 변경하는 것이 쉽다.

구현

로드 밸런서 서비스 「ELB」, 모니터링 툴 「CloudWatch」, 그리고 자동으로 스케일 아웃하는 「Auto Scaling」, 이렇게 세 가지 서비스를 같이 사용하면 부하에 따라 자동으로 스케일 아웃하는 시스템을 쉽게 구축할 수 있다.

- ELB 아래에 (웹/AP 서버로) EC2를 여러 대 배치한다.
- EC2를 새롭게 가동할 때 사용하는 AMI를 만들어둔다.
- EC2 수를 증감시키는 트리거(trigger)가 되는 조건(측정 방법)을 정의한다. EC2의 평균 CPU 사용량, 네트워크 사용량, 세션 수, EBS의 지연 시간 등이 사용된다.
- 그 측정 방법을 CloudWatch를 이용해 감시하고, 일정 조건을 만족하면 알람을 보내도록 설정한다.
- 알람을 받았을 때 Auto Scaling이 EC2 수를 증감하게 설정한다.
- 위 설정을 완료하면, 예를 들어 「CPU 사용량이 70% 이상인 상태가 5분 이상 지속될 때 미리 준비한 AMI를 사용해 EC2 인스턴스 두 대를 가동한다」 물론, 상태에 맞춰 서버 수를 줄이는 것도 가능하다.

장점

- 트래픽 양의 증가에 따라 자동으로 EC2 인스턴스를 늘릴 수 있어 서비스가 연속적으로 이루어질 수 있다.
- 트래픽 양이 많지 않을 때는 EC2 인스턴스를 줄일 수 있어(스케일 인이라고 함) 비용을 절감할 수 있다.
- 트래픽 양의 증감에 맞춰 자동으로 EC2 인스턴스를 증감시킬 수 있어 운영을 쉽게 할 수 있다.

- ELB 아래에 필요한 수의 EC2 인스턴스를 배치할 수 있어서 스케일 업과 비교하면 처리 능력 한계는 매우 높다.

주의점

- 수 분 사이에 트래픽이 몇 배가 되는 급격한 트래픽 변동은 대응하기 어렵다. EC2 인스턴스의 증가가 필요하다고 판단하고 실제로 증가하기까지 시간이 걸리기 때문이다. 이런 경우는 특정 시간이 되면 EC2 인스턴스가 증가하게 스케줄링을 해둔다. 미리 예비 EC2 인스턴스를 준비하여 부하에 견딜 수 있게 해두고, 나중에 불필요한 EC2 인스턴스를 삭제한다.

- HTTP 세션 관리나 SSL 처리 등을 ELB로 할 것인지, 아니면 아래의 웹/AP 서버에서 처리할 것인지 고려한다.

- ELB에는 사양에 따라 분산량을 변경하는 구조를 제공하지 않기 때문에 아래의 EC2 인스턴스 타입은 통일하는 것이 좋다.

- 웹/AP 서버 계층의 스케일 아웃에 비해 DB 서버 계층의 스케일 아웃은 일반적으로 어렵다. 관계 데이터베이스 패턴을 참조한다.

- 안전성을 높이기 위해서도 여러 곳의 가용존에 분산하여 스케일 아웃하는 것이 좋다. Multi-Datacenter 패턴을 참조. 이런 때는 가용존별로 균등하게 배치하기 위해 인스턴스 수를 가용존 수의 배수로 해두면 좋다.

기타

- 스케일 아웃될 때 파일 공유는 Clone Server 패턴, NFS Sharing 패턴, NFS Replica 패턴을 참조한다.

- 세션 관리에 대해서는 State Sharing 패턴을 참조한다.

- Scheduled Scale Out 패턴을 참조한다.

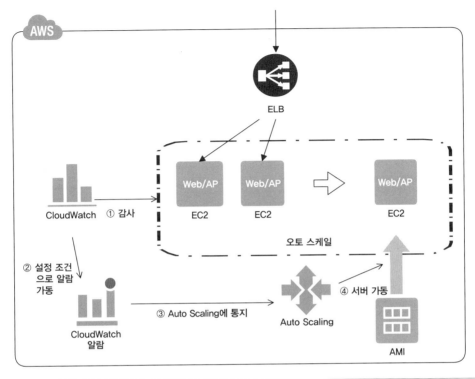

그림 1-9 Scale Out 패턴의 구조

10. Clone Server 패턴
서버 클론

해결하고 싶은 문제

스케일 아웃 구성은 일반적인 방법이지만, 작은 규모로 만들어진 시스템은 처음부터 여러 대의 서버로 서비스를 제공하도록 구성되어 있지 않은 경우가 많다. 그런 경우, 부하 대책이 필요하게 되었을 때 시간이 많이 걸린다.

클라우드에서의 해결/패턴 설명

이 패턴은 부하분산이 고려되지 않은 시스템을 간단히 부하분산이 가능한 시스템으로 만든다. 이미 존재하는 서버를 마스터로 하여 추가할 서버의 서버 이미지를 만든다. 그 서버 이미지에는 콘텐츠 동기 및 데이터베이스 접속 설정을 해둔다. 이렇게 해두면 서버 이미지를 가동하는 것으로 스케일 아웃에 의한 부하분산이 구현된다.

구현

로드 밸런서 서비스 「ELB」와 서버 이미지 「AMI」를 이용한다. 부하분산이 가능하게 콘텐츠 동기 등을 한 클론용 AMI를 만들고, 부하가 많아지면 클론용 AMI로 EC2 인스턴스를 가동한다. 그것을 ELB의 부하분산 대상으로 지정하면 기존 시스템에 대한 많은 변경 없이도 스케일 아웃을 할 수 있다.

- (EC2 한 대 구성의 경우) ELB를 가동하고 EC2를 그 아래에 배치한다.
- 현재 가동 중의 EC2에서 클론용 EC2를 만든다.
- 클론용 EC2는 필요에 따라 정기적으로 rsync 등을 이용해 EC2 파일을 동기화되도록 해둔다.
- 부하에 따라(또는 고부하가 예상되는 경우) 필요한 수만큼 클론용 EC2를 가동시켜 ELB에 추가한다.

장점

- 현재 시스템을 변경 없이 간단하게 스케일 아웃에 따른 부하분산을 할 수 있다.

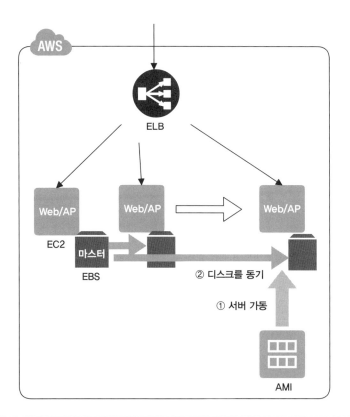

그림 1-10   Clone Server 패턴의 구조

주의점

- 마스터 EC2가 SPOF가 된다.

- 마스터 EC2에 데이터베이스가 동작할 경우, 클론용 EC2에는 데이터베이스를 동작하게 하지 않고 데이터베이스 접속 장소를 마스터 EC2로 한다.

- 파일 업로드나 쓰기 작업이 있을 때 그 처리는 마스터 EC2에서 이루어진다. (아파치의 mod_proxy를 이용해 해당 URL만 클론용 가상 서버에서 마스터 가상 서버로 프락시시킨다.)

기타

- NFS Sharing 패턴, NFS Replica 패턴을 참조한다.

11. NFS Sharing 패턴
공유 콘텐츠 이용

해결하고 싶은 문제

여러 대의 서버에 부하분산한 경우는 콘텐츠를 동기화시켜야 한다. 마스터 서버에서 슬레이브 서버에 정기적으로 단방향 동기는 간단하지만, 동기화 지연이 문제가 될 수 있다. 또, 슬레이브 서버에 쓰기가 발생하면 마스터 서버나 다른 슬레이브 서버에 반영되지 않는 문제가 남는다.

클라우드에서의 해결/패턴 설명

이 패턴은 여러 대의 서버 사이에서 실시간으로 같은 콘텐츠의 읽고 쓰기를 가능하게 한다. 공유 콘텐츠를 저장할 마스터 가상 서버를 NFS 서버로 하고 슬레이브 서버를 NFS 클라이언트로 한다. 그렇게 하면 어느 서버에서나 콘텐츠 갱신이 가능하고 실시간으로 공유할 수 있다.

구현

- NFS 서버를 EC2에 구축한다.
- 공유해야 하는 콘텐츠를 NFS 서버에 배치한다.
- 스케일 아웃한 서버군에서 NFS 서버의 콘텐츠를 참조하게 한다.

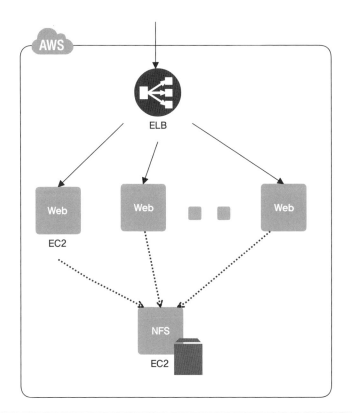

그림 1-11 NFS Sharing 패턴의 구조

장점

- 공유 콘텐츠를 NFS에 두는 것으로 실시간 동기가 가능하다.
- NFS를 마운트하면 콘텐츠 공유가 가능하여 설정이 간단해진다.

주의점

- Clone Server 패턴의 디스크 동기와 NFS를 같이 사용할 수 있다. 갱신 빈도가 높은 것은 NFS 공유를 사용하면 된다.
- NFS 서버의 관리가 필요하다.

- EC2 인스턴스가 많아지면 NFS 액세스 성능을 고려해봐야 한다.

- NFS 서버가 SPOF가 되는 것을 피하기 위해 GlusterFS 등의 솔루션을 검토한다.

기타

- NFS Replica 패턴을 참조한다.

12. NFS Replica 패턴
공유 콘텐츠 복제

해결하고 싶은 문제

NFS를 이용해 여러 대의 서버 간에 파일 공유를 하는 경우, 공유하는 서버 수가 늘어나 액세스 빈도가 높아지면 NFS 부분에 성능 저하가 발생할 수 있다.

클라우드에서의 해결/패턴 설명

이 패턴은 공유 파일을 보관하는 NFS 성능 저하를 개선하고, 특히 참조 성능을 개선한다. 각 서버에 가상 디스크를 개별적으로 준비하고 NFS 서버의 공유 파일을 복사해둔다. 그렇게 하면 각 서버는 가상 디스크를 NFS 참조 전용 레플리카(replica)로 사용할 수 있다.

구현

각 EC2 인스턴스의 가상 디스크인 EBS에 NFS 서버의 파일을 복사해둔다. 각 EC2 인스턴스에서 EBS의 파일을 읽어오면 NFS 서버에 액세스하는 것보다 높은 성능으로 참조가 가능하다.

- EC2에 NFS 서버를 구축하고 공유 파일을 올려둔다.

- Auto Scaling으로 가동하는 EC2(웹 서버)는 먼저 NFS 서버를 마운트하고 NFS 서버 내용을 EBS에 복사한다.

- 각 EC2의 애플리케이션은 EBS를 참조하도록 설정해둔다.

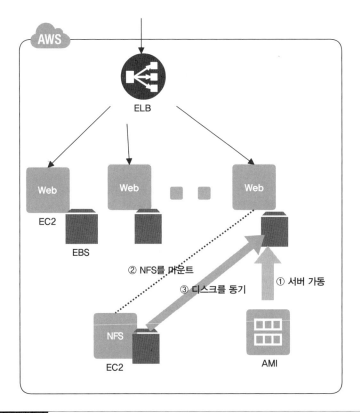

그림 1-12   NFS Replica 패턴의 구조

장점

- NFS 서버의 공유 파일을 갱신하면 그 후에 가동한 EC2는 그 파일을 사용하게 된다.

- 각 EC2의 EBS에 공유 파일이 존재하여 NFS 서버에 액세스할 필요가 없어 성능 문제 가 쉽게 발생하지 않는다.

- 예를 들어, NFS 서버가 정지하더라도 각 EBS에 콘텐츠가 있어 SPOF가 되지 않는다.

주의점

- 공유 파일을 갱신할 때 NFS 서버의 파일을 갱신하더라도 각 EC2에 반영되지 않아 rsync 등을 이용해 동기시켜야 한다.

기타

- 로컬 디스크로 EBS를 이용하는 대신, 인스턴스 스토리지(임시 디스크)라는 EC2 로컬 디스크를 이용하면 성능을 향상시키고 비용을 줄일 수 있다.

13. State Sharing 패턴
상태 정보 공유

해결하고 싶은 문제

동적 콘텐츠를 생성할 때 사용자 고유의 상태를 가진 상태 정보(HTTP 세션 정보)를 이용하는 일이 많다. 그러나 로드 밸런서 아래 여러 대의 웹/AP 서버를 동작시킬 때 각 웹/AP 서버에 상태 정보를 가지도록 하면, 서버 장애나 서버 수를 의도적으로 줄일 때 상태 정보에 손실이 발생하는 경우가 있다.

클라우드에서의 해결/패턴 설명

이 패턴은 스케일 아웃 구성에서 상태 정보를 유지하기 위한 것이다. 서버를 늘렸을 경우는 상태 정보 유지, 서버가 줄었을 경우는 (장애 포함) 상태 정보 손실을 방지한다. 상태 정보를 안전성 좋은 공유 디스크 스토어(메모리/디스크)에 놓고 여러 대의 서버에서 그 정보를 참조한다. 그렇게 하면 서버에 상태 정보를 가지지 않고 스테이트리스(stateless)가 가능하다. 새로운 서버가 추가되어도 공유 데이터 스토어를 참조할 수 있어 상태 정보 전달이 이루어진다.

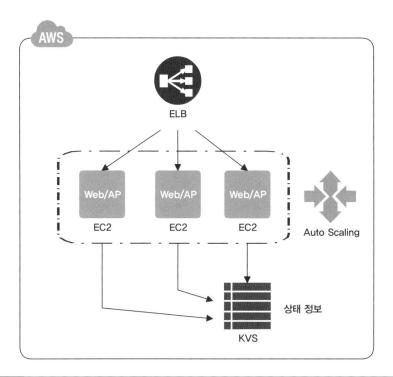

그림 1-13 State Sharing 패턴의 구조

구현

AWS의 데이터 스토어에는 「ElastiCache(인메모리 캐시)」 「SimpleDB(KVS)」 「DynamoDB(KVS)」가 있다. 이 모든 서비스에 상태 정보를 저장할 수 있어 요건에 맞는 것을 선택하면 된다.

- 상태 정보를 저장하기 위해 데이터 스토어를 준비한다.
- 데이터 스토어에 사용자를 구별하는 ID(세션 ID나 사용자 ID)를 키로 하여 사용자 정보를 값으로 저장한다.
- 웹/AP 서버에 상태 정보를 가지지 않고 데이터 스토어에 보관하여 참조 및 갱신한다.

장점

- 상태 정보의 전달 및 손실을 걱정하지 않고 Scale Out 패턴을 이용할 수 있다.

주의점

- 여러 대의 웹/AP 서버에서 상태 정보에 대한 액세스가 한 곳에 집중되어 데이터 스토어의 성능이 병목 구간이 되지 않도록 주의해야 한다. 성능 요구가 높을 때는 병목 현상이 잘 발생하지 않는 DynamoDB 선택을 검토한다.

- 요구에 따라서는 데이터 스토어로 「RDS(RDBMS)」「S3(인터넷 스토리지)」를 이용할 수도 있다.

14. URL Rewriting 패턴
정적 콘텐츠 이전

해결하고 싶은 문제

웹 서비스를 가상 서버로 제공하는 경우, 액세스 수가 많아지면 가상 서버의 수를 늘리거나 가상 서버의 사양을 올려 부하에 대응한다. 그러나 액세스의 대부분은 정적 콘텐츠에 대한 요청이 많아져 정적 콘텐츠의 액세스를 어떻게 분산시킬 것인지가 큰 문제다.

클라우드에서의 해결/패턴 설명

정적 콘텐츠의 액세스 분산 방법으로 인터넷 스토리지를 이용하는 방법이 있다. 그렇게 하면 가상 서버를 증가시키거나 사양을 높이지 않아도 부하에 대한 대책을 세울 수 있다.

이 방법을 이용하려면 정적 콘텐츠의 URL을 인터넷 스토리지 URL로 변경해야 하지만, 정적 콘텐츠를 직접 수정하는 방법 외에 웹 서버의 필터 기능을 이용해 배포 시 URL을 변경할 수 있다. 또, 인터넷 스토리지에서 배포하는 대신에 콘텐츠 배포 서버에서 콘텐츠를 배포할 수도 있다.

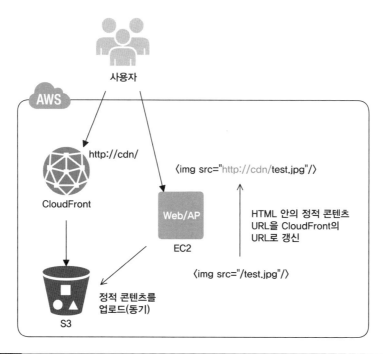

그림 1-14 URL Rewriting 패턴의 구조

구현

AWS에서는 정적 콘텐츠를 배포하는 데 S3를 이용할 수 있다. 또, S3에 저장되어 있는 콘텐츠를 원본으로 하여 콘텐츠 배포 서비스인 CloudFront를 이용하면 전 세계에 지연 없이 콘텐츠 배포가 가능하다.

- EC2의 정적 콘텐츠(자바스크립트/CSS/이미지 등)의 일부를 S3에 업로드(동기)한다.
- 필요에 따라 정적 콘텐츠가 업로드(동기)되는 S3를 원본으로 한 CloudFront를 만든다. (CloudFront를 이용할 경우는 원본 서버를 S3가 아닌 EC2로 직접 할 수도 있다.)

- HTML 태그의 정적 콘텐츠 URL을 S3나 CloudFront의 URL로 갱신할 수 있다.

- 아파치 필터 모듈(mod_ext_filter/mod_sed)이나 프락시로 만든 Nginx 등으로 동적 갱신도 가능하다.

장점

- 정적 콘텐츠의 액세스를 S3/CloudFront에 분산함에 따라 많은 부하에 견딜 수 있고, EC2 비용도 줄일 수 있다.

- CloudFront를 이용하는 경우는 전 세계로 배포할 때 거리에 따른 전송 지연 대책이 되기도 한다.

- mod_ext_filter/mod_sed나 Nginx 등을 이용할 때 필터를 넣으면 원래의 HTML 파일을 수정하지 않고 패턴을 적용할 수 있다. 또, 필터를 정지시키면 CloudFront를 사용하지 않는 형태로 쉽게 변경할 수 있다.

주의점

- CloudFront를 이용할 때는 콘텐츠가 캐시되어 있어 삭제나 갱신하는 데 시간이 걸리는 경우가 있다.

15. Rewrite Proxy 패턴
URL 변경 프락시 설치

해결하고 싶은 문제

부하 대책의 하나로 정적 콘텐츠를 인터넷 스토리지나 콘텐츠 딜리버리 서비스에 올려두는 방법도 있다. 그러나 정적 콘텐츠 액세스 위치를 인터넷 스토리지로 변경해야 하고, 콘텐츠 내의 URL 갱신이나 웹 서버 필터 설정 등 기존 시스템을 변경해야 한다.

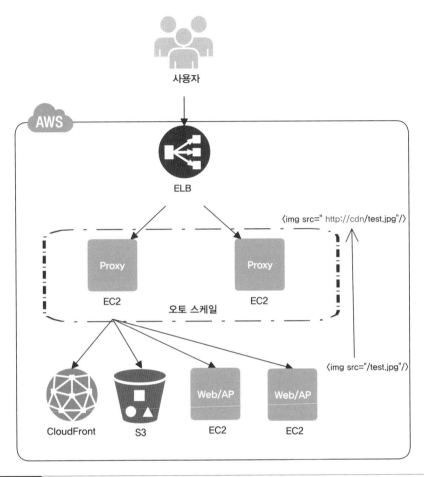

그림 1-15 Rewrite Proxy 패턴의 구조

클라우드에서의 해결/패턴 설명

기존 시스템을 변경 없이 액세스 위치를 바꾸는 방법으로 프락시 서버를 사용하는 방법이 있다. 콘텐츠를 저장하고 있는 서버 앞에 프락시 서버를 두고, 정적 콘텐츠의 액세스 위치를 인터넷 스토리지나 콘텐츠 딜리버리 서비스로 변경한다.

구현

아파치나 Nginx 등 많이 사용되는 소프트웨어를 사용하여 프락시 서버를 구축하고 기존
시스템 앞단에 설치한다.

- ELB와 (정적 콘텐츠를 저장한) S3 사이에 Nginx 등 콘텐츠 내용을 갱신할 수 있는 프락
  시 서버를 둔다. (EC2 상에서 동작시킨다.)
- 프락시 서버에 콘텐츠 내의 URL을 갱신하는 룰을 추가한다.
- 필요에 따라 프락시 서버에 Auto Scaling을 적용한다.

장점

- 프락시 서버로 액세스 위치를 갱신함으로써 기존 시스템을 수정하지 않고 정적 콘텐츠
  에 대한 부하분산이 가능하다.

주의점

- SPOF가 되지 않도록 프락시 서버도 이중화해둬야 한다.
- 웹/AP 서버는 ELB에 직접 연결되어 있지 않아 Auto Scaling으로 웹/AP 서버(EC2)
  가 늘어나거나 줄어들어도 ELB에 자동으로 연결되지 않는다.

16. Cache Proxy 패턴
캐시 설치

해결하고 싶은 문제

높은 부하에 대한 대책으로 웹/AP 서버를 여러 대 사용하면 비용 부담이 많아진다. 예산
이 적을 경우는 웹/AP 서버 수를 늘리지 않는 방법을 생각해야 한다.

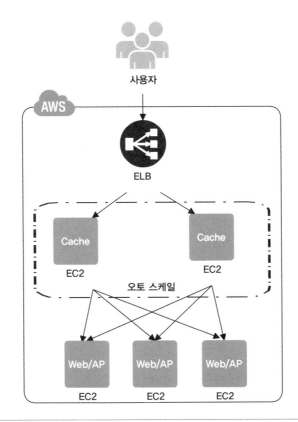

그림 1-16 Cache Proxy 패턴의 구조

클라우드에서의 해결/패턴 설명

웹 시스템 성능을 높이는 대표적인 방법은 콘텐츠를 캐시화하는 방법이 있다. 이 방법은 변경이 많이 없는 정적 콘텐츠나 동적 콘텐츠를 웹/AP 서버 상위에서 캐시하여 캐시 기간 이 끝날 때까지 배포 성능이 좋은 상위 캐시 서버로 콘텐츠 배포를 하는 방법이다. 클라우 드에서는 가상 서버를 쉽게 구축할 수 있어 캐시 서버가 없는 시스템에도 간단하게 도입이 가능하다.

구현

EC2에 Varnish 등 많이 사용되는 캐시 서버 소프트웨어를 설치하여 캐시 서버로 사용한다.

- 웹/AP 서버 앞에 Varnish 등의 캐시 서버 소프트웨어를 둔다.
- 캐시 서버를 웹/AP 서버의 앞에 둔다.
- 캐시 서버에 원본 데이터 서버 및 캐시 기간 등을 설정한다.

장점

- 웹/AP 서버를 수정하지 않고 캐시를 이용한 콘텐츠 배포가 가능하다.
- 특히, 동적 콘텐츠의 경우는 콘텐츠 생성에 따른 부하를 많이 줄일 수 있다.
- HTTP 헤더나 URL, 쿠키(Cookie) 등을 캐시 대상으로 하거나, 반대로 캐시하지 않도록 하는 등의 유연한 캐시 설정을 할 수 있다.

주의점

- SPOF가 되지 않도록 프락시 서버도 이중화해둬야 한다.
- 웹/AP 서버는 ELB에 직접 연결되어 있지 않아 만일 Auto Scaling으로 웹/AP 서버가 늘어나거나 줄어들어도 캐시 서버에 연결하려면 적절한 방법을 연구할 필요가 있다.

17. Scheduled Scale Out 패턴
스케줄에 의한 서버 증감

해결하고 싶은 문제

클라우드 환경에서 구축된 웹 서비스는 많은 트래픽 처리를 할 때 Scale Out 패턴이 효과

적이다. 그러나 부하 상태를 보고 수동으로 가상 서버를 추가하거나 가상 서버의 부하 상
태에 따라 자동으로 인스턴스를 추가하거나 할 경우, 급격하게(5분 이내에 트래픽이 두 배가
되는 경우) 많은 액세스가 있으면 상황에 맞춰 인스턴스를 가동하지 못할 수도 있다.

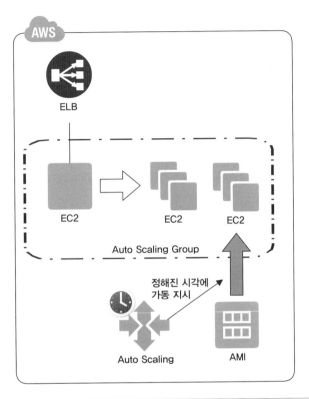

그림 1-17 Scheduled Scale Out 패턴의 구조

클라우드에서의 해결/패턴 설명

순간적으로 액세스가 급증하는 타이밍을 알 경우는 스케줄링된 스케일 아웃이 효과적이
다. Scale Out 패턴과 기본 구성은 비슷하지만, 스케일 아웃하는 타이밍을 시간 지정하고
실행하는 것이 주요 특징이다. 사전에 스케일 아웃을 완료하는 것으로 트래픽 급증에 만전
의 태세로 대응할 수 있고, 직전에 스케줄링이 실행되어 불필요한 비용을 줄일 수 있다.

구현

AWS의 AutoScaling에는 시간을 지정하여 설정을 변경하는 기능이 있다. 이 기능을 이용하면 스케줄링된 스케일 아웃 구축이 가능하다. 트래픽이 떨어지는 시간대를 지정하여 스케일 인할 수도 있다.

- Scale Out 패턴을 참고하여 Auto Scaling을 설정한다(스케일 아웃의 트리거, 스케일 인의 트리거 포함).

- EC2 인스턴스를 증가시킬 시각을 설정하고 「인스턴스의 최소 대수(---min-size)」라는 설정 항목에 준비하려는 인스턴스 수로 변경한다.

- 지정할 시각이 되면 위에서 지정했던 최소 대수까지 EC2 인스턴스가 가동한다.

- 부하가 떨어지는 타이밍에 한 번 더 인스턴스 최소 대수를 줄이면 설정한 트리거에 따라 스케일 인한다.

장점

- 트래픽이 늘어나는 시각에 맞춰 자동으로 EC2 인스턴스를 늘릴 수 있다.

- 트래픽이 적을 때는 EC2 인스턴스를 줄일 수 있어 비용을 절감할 수 있다.

- ELB 아래에 필요한 수의 EC2 인스턴스를 배치할 수 있어서 스케일 아웃과 비교하면 처리 능력이 매우 높다.

주의점

- 지정하는 시간은 UTC 시간이다.

- 급격한 트래픽 증가 시에는 EC2만이 아니라 ELB도 사전에 스케일 아웃해야 한다. 이 경우에 ELB Pre-warming을 신청한다.

18. Web Storage 패턴
고가용성의 인터넷 스토리지 활용

해결하고 싶은 문제

동영상이나 고화질 이미지, Zip 파일 등 용량이 큰 파일을 한 대의 웹 서버에서 배포할 때는 네트워크 부하가 문제다. 그럴 때는 네트워크 부하를 줄이기 위해 여러 대의 웹 서버로 부하를 분산하는 경우가 있지만, 그런 경우 비용이 문제가 된다.

클라우드에서의 해결/패턴 설명

대용량 파일을 인터넷 스토리지에 저장하고 거기서 직접 파일을 배포하면, 웹 서버의 네트워크 부하와 디스크 용량 문제는 해결된다. 인터넷 스토리지에 저장된 객체는 공개 설정하여 사용자가 직접 액세스할 수 있다. 이것을 이용하여 인터넷 스토리지에서 배포하도록 하면, 웹 서버 네트워크 분산을 줄일 수 있고 배포 파일을 동기화하기 위하여 가상 서버 간에 데이터를 복사할 필요가 없어진다.

구현

배포할 콘텐츠를 S3에 저장하고 사용자가 직접 S3에서 다운로드 가능하게 만든다.

- 인터넷 스토리지 S3에 「버킷」을 만들고 공개 정적 콘텐츠(이미지/동영상/압축 파일 등)를 업로드한다.
- 그 콘텐츠에 대해 사용자가 액세스할 수 있게 공개 설정을 한다. 공개 설정을 하면 각 콘텐츠별로 URL이 발급된다. 예: http://(버킷명).s3.amazonaws.com/(파일명)
- 발급된 URL을 사용자에게 제공하거나 웹 페이지에 링크를 만든다.

장점

- S3를 이용하며 네트워크 부하나 데이터 용량을 신경 쓰지 않아도 된다.

- S3는 세 곳 이상의 데이터 센터에서 백업을 하고 있어 안전성이 매우 높다.

- 각 콘텐츠별로 URL이 발급되기 때문에 파일을 S3에 저장만 하면, 파일 공유 등 여러 가지 목적으로 활용이 가능하다.

주의점

S3로 배포하는 콘텐츠는 자체 DNS 명을 붙일 필요가 있어 메인 사이트의 DNS 명을 그대로 사용할 수 없다. 예를 들어, 메인 사이트가 「www.my-site.org」가 있다면 S3 안의 콘텐츠는 「data.my-site.org」 등으로 다른 DNS 명으로 해야 한다. 그 때문에 기존에 만들어 놓은 HTML 파일의 링크 위치를 변경해야 하는 경우도 있다. 그러나 이럴 때 URL Rewriting 패턴을 이용해 웹 서버 모듈로 한 번에 갱신하여 대응할 수도 있다.

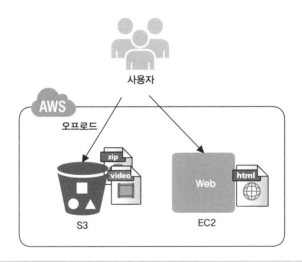

그림 1-18 Web Storage 패턴의 구조

기타

■ Direct Hosting 패턴을 참조한다.

19. Direct Hosting 패턴
인터넷 스토리지 직접 호스팅

해결하고 싶은 문제

단기간에 액세스가 급격히 늘어나면 상황에 맞춰 서버 증설이 어렵다. 거기에 대응하기 위해 액세스 양을 예측하여 많은 서버를 준비하는 방법도 있지만, 불필요하게 서버를 준비해 두면 비용 측면에서 문제가 된다.

클라우드에서의 해결/패턴 설명

이 패턴은 클라우드가 제공하는 인터넷 스토리지를 웹 서버로 이용하여 이미지나 동영상 등 큰 용량의 정적 파일이나 HTML 등을 호스팅한다. 인터넷 스토리지는 원래 공유 스토리지로 사용되게 설계되어 있어 용량에는 문제가 없다. 특정 서비스의 액세스 수가 급격히 증가해도 인터넷 스토리지에서는 문제없이 처리가 가능하여 부하 대책을 고려할 필요가 없다.

구현

■ 인터넷 스토리지 S3에 공개할 정적 콘텐츠(HTML/CSS/자바스크립트/이미지/동영상 등)를 업로드한다.

■ S3 버킷에 콘텐츠를 공개하게 설정한다. 버킷 정책에 버킷 콘텐츠를 공개하는 권한을 설정한다.

- S3의 웹 사이트 호스팅 기능을 활성화하고 인덱스 페이지나 에러 페이지를 설정하면, S3 자체로 웹 사이트를 호스트할 수 있다.

장점

- 정적 콘텐츠 액세스를 S3가 담당하기 때문에 웹 시스템 가용성과 안전성을 쉽게 높일 수 있다.

주의점

- S3 상에서는 서버 사이트의 프로그램을 실행시킬 수 없어서, 예를 들어 로그인 사용자 별로 다른 페이지를 보여주는 것이 불가능하다.

- S3에서 배포한 콘텐츠에 자바스크립트를 넣어 비동기 통신으로 다른 서버에서 데이터 를 받아오고 싶을 때, 데이터를 받아오는 대상 서버와 DNS 명이 달라서 자바스크립트 도메인 간 통신 제약에 따라 JSONP로 통신해야 한다.

기타

- CMS와 같은 동적 사이트에 있어서도 이 패턴을 활용할 수 있다. Movable Type의 경우, 블로그를 게시할 때 블로그 엔진이 정적 HTML 파일을 만들기 때문에 그것을 S3 에 두고 호스팅할 수 있다.

- S3에는 서명을 포함한 URL을 발급하는 기능이 있다. 그것을 사용하면 정해진 사용자 만 액세스를 허가하기 위해 서명을 포함한 URL 발급이 가능하다. 또, 그 서명을 포함 한 URL에 유효기간을 설정할 수 있다. Private Distribution 패턴을 참조할 것.

- S3에서 버킷 정책이라는 액세스 인증 방식도 가지고 있다. 그것을 사용하면 특정 사용 자만 액세스할 수 있게 하거나 HTTPS만 액세스하게 하는 것이 가능하다.

- S3에 2012년 3월 시점에 9,000억 이상의 객체(파일)가 저장되어 있고, 가장 많을 때는 초당 70억 이상의 요청을 처리하고 있다.

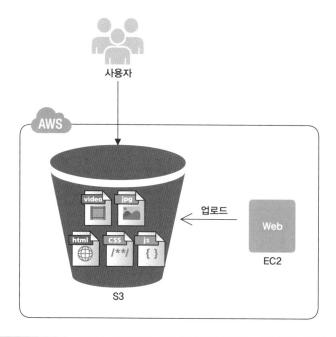

AWS

그림 1-19 Direct Hosting 패턴의 구조

20. Private Distribution 패턴
특정 사용자에게 데이터 배포

해결하고 싶은 문제

인터넷 스토리지는 가용성과 안전성이 높고 사이즈가 큰 콘텐츠나 액세스 수가 많은 콘텐츠를 배포하는 데 적당하다. 그러나 특정 사용자에게만 콘텐츠를 배포하는 경우, 애플리케이션의 인증 부분과 연동이 필요해서 인터넷 스토리지만으로 액세스를 제한하는 것은 어렵다.

클라우드에서의 해결/패턴 설명

인터넷 스토리지에서 제공되는 접근 제한 URL 발급 기능을 이용하면, 콘텐츠로 액세스하는 IP 어드레스 및 액세스 기간을 설정할 수 있다. 사용자별로 URL을 발급하고 접근 제한 URL에서만 콘텐츠 다운로드가 가능하게 하면, 만료된 링크나 다른 IP 어드레스를 가진 사용자가 접근한다고 해도 다운로드가 불가능하다. 실질적으로 특정 사용자만 접근이 가능하게 하는 것이다.

구현

- S3의 apitool이나 AWS SDK를 준비한다.

- 자체 시스템에서 사용자 인증을 실행하고, 그 사용자에게 공개할 각 콘텐츠를 API를 이용해 접근 제한 URL을 생성한다.

- 발행한 URL 목록을 이용하여 동적 웹 페이지를 생성한다. 생성한 HTML 등 콘텐츠 내에 접근 제한 URL을 링크(다운로드) 대상 URL로 사용한다.

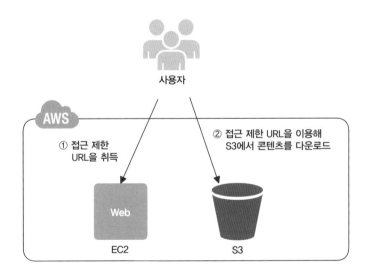

그림 1-20 Private Distribution 패턴의 구조

장점

- 특정 사용자가 일정 기간 동안만 사용이 가능하기 때문에 프라이빗 콘텐츠 배포로 사용이 가능하다.

- 실제 콘텐츠 다운로드는 (EC2를 통하지 않고) 직접 S3에서 이루어지므로 부하와 장애에 강한 S3 특성 그대로 사용이 가능하다.

기타

이 패턴은 애플리케이션의 인증과 같이 사용하는 것이 일반적이다. 로그인한 모든 사용자가 액세스할 수 있는 콘텐츠의 경우, 동적 제한 URL을 만들지 않아도 서드파티 툴 (예: CloudBerryExplorer)을 사용해 수동으로 생성한 URL을 사용해서 웹 페이지를 만들 수 있다.

21. Cache Distribution 패턴
사용자와 물리적으로 가까운 위치에 데이터 배치

해결하고 싶은 문제

컴퓨터나 모바일 장치의 보급에 따라 더 많은 사람이 더 많은 지역에서 인터넷 상의 콘텐츠에 액세스하게 되었다. 또, 이미지나 동영상 데이터는 품질이 좋아져 데이터 양도 굉장히 많아지고 있다.

사용자 경험(User Experience) 관점에서 보면, 보다 빠르고 안정적으로 데이터를 이용자에게 제공하고 싶어하지만 현재의 기술로는 어느 정도 통신 지연이 발생한다. 이런 이유로 콘텐츠 배포 장소가 한 곳밖에 없다면 사용자 경험이 나빠진다.

클라우드에서의 해결/패턴 설명

세계 각지에 있는 지역에 콘텐츠 배포 장소(origin)에서 배포되는 콘텐츠 캐시 데이터를 배치한다. 이렇게 하면 지리적으로 이용자와 더 가까운 지역에서 콘텐츠를 배포하게 되고, 지리적/물리적인 제약을 해결할 수 있다. 이 패턴을 적용하면 사용자와 콘텐츠 배포 장소와 거리가 짧아져 사용자에게 빠른 응답을 줄 수 있다.

구현

AWS의 CloudFront를 이용하면 전 세계의 캐시 서버(에지 서버)를 이용할 수 있다.

- 콘텐츠 배포 장소인 오리진 서버를 결정해 콘텐츠를 배치한다.

- 마스터 서버를 사용하노록 CloudFront를 설정한다. 설정을 하면 「xxxx.cloudfront.net」(xxxx 부분은 임의로 생성)이라는 DNS 명이 발급된다.

- 자동으로 발급되는 이 DNS를 사용해도 되지만, 자신의 도메인 명을 사용하는 것도 가능하다. 그때는 오리진 서버 DNS 명의 CNAME 레코드에 발급되는 CloudFront의 DNS 명을 설정한다.

장점

- 거리가 떨어진 사용자에게 보다 좋은 사용자 경험을 제공할 수 있다.

- 파일 다운로드 처리를 분산할 수 있어 부하분산 효과도 있다.

- 기존 서버(온프레미스, on-premise)나 호스팅 등의 EC2 이외의 서버를 오리진 서버로 함으로써 기존 서버를 사용하면서 패턴을 적용할 수 있다.

- 오리진 서버로는 S3를 직접 오리진으로 사용할 수 있다.

주의점

- 기본적으로 캐시 서버는 배포 장소인 마스터 서버 캐시 타임아웃 설정에 따라 캐싱을
  한다. 그 때문에 캐시 타임아웃 전에 마스터 서버의 파일을 변경해도 캐시 서버는 변경
  되지 않는 경우도 있다. 콘텐츠의 특성을 고려하여 캐시 타임아웃 설정을 해야 한다.
  또, Rename Distribution 패턴 이용도 검토한다.

기타

Rename Distribution 패턴을 참조한다.

Private Cache Distribution 패턴을 참조한다.

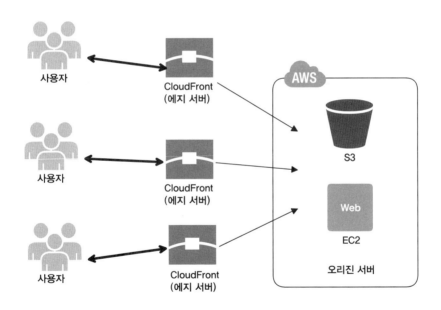

그림 1-21 Cache Distribution 패턴의 구조

22. Rename Distribution 패턴
변경 지연 없는 배포

해결하고 싶은 문제

Cache Distribution 패턴을 사용해 콘텐츠를 배포하는 경우, 마스터 서버의 파일을 변경해도 에지 서버(캐시 서버)의 데이터는 타임아웃이 될 때까지 갱신되지 않는다. 원하는 타이밍에 파일을 갱신하려고 할 때에는 사용할 수 없다.

클라우드에서의 해결/패턴 설명

에지 서버의 캐시 데이터는 그 쪽에 액세스하는 URL이 키가 된다. 갱신하려고 하는 파일을 다른 파일명으로 배치하고 액세스 URL 자체를 변경하면, 에지 서버의 캐시 타임아웃에 상관없이 새로운 콘텐츠를 배포할 수 있다.

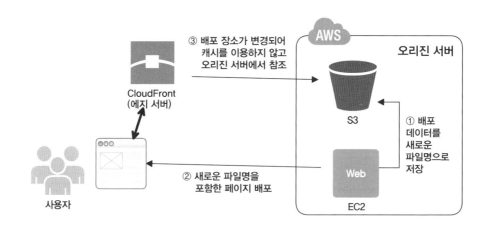

그림 1-22 Rename Distribution 패턴의 구조

구현

- 콘텐츠와는 별도로 기본 콘텐츠(액세스 URL을 포함한 HTML 파일 등)를 만든다.
- 기본 콘텐츠는 캐시 타임아웃을 짧게 하거나 계속 마스터 서버에서 배포한다.
- CloudFront로 배포하는 콘텐츠를 갱신하는 경우, 그 콘텐츠를 다른 이름으로 마스터 서버에 저장한다.
- 기본 콘텐츠 내의 URL을 새로운 콘텐츠 URL로 변경한다.

장점

- 마스터 서버의 콘텐츠 변경에 있어 캐시 타임아웃을 기다리지 않고 새로운 콘텐츠를 배포할 수 있다.

주의점

- 기본 콘텐츠 자체의 캐시 타임아웃이 길면 효과가 없기 때문에 기본 콘텐츠의 캐시 타임아웃을 짧게 설정해야 하지만, 그렇게 하면 기본 콘텐츠의 캐시 효과가 줄어든다.
- 이전 파일은 캐시 타임아웃까지 에지 서버에 남아서 URL을 직접 지정할 때 다운로드가 가능한 경우가 있다. 필요하다면 파일을 지우거나 비활성화 기능(invalidation이라함)을 이용하면 된다.

기타

- Cache Distribution 패턴을 참조한다.
- Private Cache Distribution 패턴을 참조한다.

23. Private Cache Distribution 패턴

CDN을 이용한 프라이빗 배포

해결하고 싶은 문제

전 세계 캐시 지역을 활용한 콘텐츠 딜리버리 서버스를 이용하면, 전 세계에 있는 사용자에게 빠르게 데이터를 배포할 수 있다. 그러나 특정 사용자에게만 콘텐츠를 배포할 때는 사용자 인증이 필요하고 인증 구조를 만들기는 쉽지 않다.

클라우드에서의 해결/패턴 설명

콘텐츠 딜리버리로 제공되는 「서명을 포함한 URL 인증 기능」을 이용하는 방법이 있다. 사용자가 콘텐츠를 다운로드하기 위해 웹 사이트에 액세스할 때, 미리 설정해둔 「액세스 위치 IP 어드레스」 「다운로드 가능 기간」 「액세스 위치의 지역」 등이 맞는 경우에만 「서명을 포함한 URL 인증 기능」을 발급하면 된다. 보다 정확하게 특정 사용자에게 배포가 가능하다.

구현

- 콘텐츠 딜리버리 서버스인 「CloudFront」의 「apitool」이나 AWS SDK를 준비한다.
- EC2 상의 웹 서버에 비밀키를 등록해두고 서명을 포함한 URL 발급 준비를 한다.
- 자체 시스템에 사용자 인증을 실행하고, 그 사용자에게 공개할 각 콘텐츠에 대해 CloudFront의 API를 이용하여 서명을 포함한 URL 발급 기능(공개키를 등록)을 이용한다.
- 서명을 포함한 URL을 HTML 등에 링크(다운로드) 대상으로 이용한다.

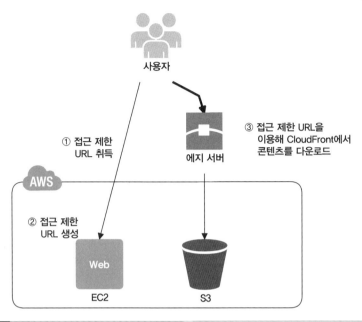

그림 1-23 Private Cache Distribution 패턴의 구조

장점

■ IP 어드레스와 지역으로 제한된 사용자만 일정 기간 동안 이용이 가능하여 프라이빗 콘텐츠 배포로 이용이 가능하다.

■ 실제 콘텐츠 다운로드는 직접 콘텐츠 딜리버리 서비스에서 이루어지기 때문에 부하와 장애에 강한 구성이 된다.

주의점

■ 인증 시스템이나 기간 제한 URL을 발급하는 서버가 필요하다.

■ 사용자 인증이 만료되지 않아도 URL의 유효기간이 끝나면 다운로드가 되지 않는다.

기타

- Cache Distribution 패턴을 참조한다.

- Rename Distribution 패턴을 참조한다.

데이터 업로드 패턴

24. Write Proxy 패턴
인터넷 스토리지로 고속 업로드

해결하고 싶은 문제

인터넷 스토리지는 일반적으로 읽기에 대한 수용 능력 및 데이터 안전성이 매우 뛰어나다.
그러나 이중화를 위해 여러 지역에 쓰기가 이루어지고 있고 HTTP 프로토콜로 클라이언
트와 통신하고 있기 때문에 비교적 쓰기 속도가 느린 특성이 있다. 큰 데이터를 인터넷 스
토리지에 쓰는 경우 성능이 문제가 될 수 있다.

클라우드에서의 해결/패턴 설명

클라이언트에서 인터넷 스토리지에 직접 데이터를 전송하는 것이 아니고, 가상 서버로 데
이터를 받아 그 가상 서버로부터 인터넷 스토리지로 전송한다. 클라이언트에서 가상 서버
로의 전송은 HTTP보다 빠른 프로토콜(예를 들어, UDP 기반의 프로토콜)을 이용할 수 있다.
또, 작은 용량의 파일이 많을 경우는 클라이언트 쪽에서 한 번 압축하여 가상 서버로 전송
후 압축을 풀어 인터넷 스토리지에 전송할 수 있다. 가상 서버와 인터넷 스토리지는 같은
지역이라면 전용선이 연결되어 있어 직접 인터넷 스토리지에 전송하는 것보다 가상 서버
를 통해 전송하는 것이 전체 전송 시간을 단축시킬 수 있다.

구현

- 데이터를 받기 위한 EC2 인스턴스를 가동한다. EC2 인스턴스는 최종적으로 데이터를 저장할 S3와 같은 지역에 가동한다.

- EC2 인스턴스에 FTP 서버나 웹 서버, Aspera나 TsunamiUDP 등의 UDP 전송 소프트웨어, 또는 전송 속도를 가속화하는 소프트웨어를 설치한다. (이 서버를 「업로드 서버」라고 함)

- 클라이언트에서 업로드 서버로 데이터를 전송한다. 작은 용량의 파일이 많을 경우는 일단 클라이언트에서 한 개의 파일로 합친다.

- 업로드 서버로 전송 완료 후(또는 순차 처리로) 업로드 서버에서 S3에 전송한다. 클라이언트에서 압축한 경우는 업로드 서버에서 압축을 푼 후 S3로 전송한다.

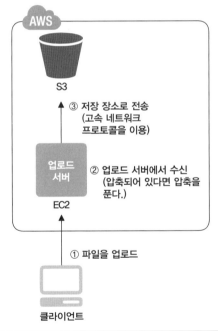

그림 1-24 Write Proxy 패턴의 구조

장점

- S3로의 전송 속도를 빠르게 할 수 있다.

- 특히, 해외 지역의 S3로 업로드할 경우 많은 속도 향상을 기대할 수 있다.

주의점

- 업로드 서버 EC2의 쓰기 속도(일반적으로 EBS에 쓰기 속도)가 병목 구간이 되는 경우가 있기 때문에 필요에 따라 디스크를 스트라이핑하여(참조: Ondemand Disk 패턴) 쓰기 속도를 올려준다.

- 크기가 작은 EC2 인스턴스는 상대적으로 회선의 대역이 작기 때문에 높은 성능이 필요한 경우 큰 인스턴스를 이용한다.

기타

- UDP를 이용한 데이터 전송 고속화 솔루션으로는 TsunamiUDP나 Aspera, Skeed SilverBullet 등이 있다.

- S3로의 쓰기 성능을 높이는 방법으로는 파일을 분할하고 병렬로 쓰는 방법이 있다 (Multipart Upload라고 함).

- FTP로 EC2에 업로드할 경우, 그대로 S3에 자동 동기화시키는 등 고속화 외에도 사용자의 편리성을 높일 수 있다.

25. Storage Index 패턴
인터넷 스토리지 효율화

해결하고 싶은 문제

인터넷 스토리지는 데이터가 분산 배치되어 있어 안전성과 가용성이 높다. 그러나 인터넷을 통해 액세스하기 때문에 자체 시스템과 비교하면 일반적으로 응답 성능은 낮다. 또, 고속의 검색 기능은 제공하지 않는 경우가 있기 때문에 특정 사용자의 데이터 리스트를 가지고 온다거나 어떤 기간 내의 데이터를 가지고 오려고 할 때는 애플리케이션 쪽에서 처리해야 할 필요가 있다.

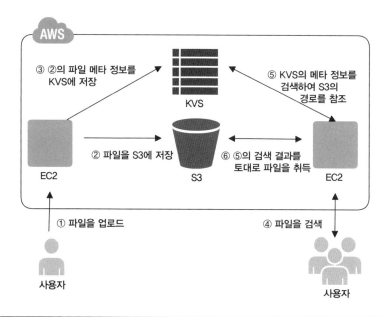

그림 1-25 Storage Index 패턴의 구조

클라우드에서의 해결/패턴 설명

인터넷 스토리지에 데이터를 저장할 때는 저장과 동시에 검색 성능이 높은 KVS에 메타 정보를 저장하고 그 정보를 인덱스로 사용한다. 검색 시에 KVS를 이용하여 얻은 결과를 기반으로 인터넷 스토리지에 액세스한다.

구현

- S3에 데이터를 저장한 다음에는 S3의 메타 정보(키, 경로, 데이터 크기, 저장 시간 등)를 SimpleDB 또는 DynamoDB에 저장한다.
- 검색이나 집계를 할 때는 SimpleDB나 DynamoDB를 이용하여 처리한다.
- SimpleDB나 DynamoDB의 처리 결과를 기반으로 S3의 데이터를 가지고 온다.

장점

- 견고한 대용량 스토리지 기능과 높은 검색 기능 둘 다 이용이 가능하다.

주의점

- S3 내의 데이터와 KVS의 메타 정보가 맞지 않는 경우가 발생하면 정확한 검색 결과를 얻을 수 없다. 데이터의 등록과 메타 정보 등록은 반드시 동시에 한다.
- Web Storage 패턴을 참조한다.

26. Direct Object Upload 패턴
업로드 절차 간소화

해결하고 싶은 문제

사진이나 동영상 공유 사이트에서는 여러 사용자로부터 크기가 큰 데이터가 업로드된다. 업로드 처리는 서버 쪽의 부하(특히, 네트워크 부하)가 높아져 어느 정도 규모의 사이트에서도 업로드 전용 가상 서버가 필요한 경우가 있다.

클라우드에서의 해결/패턴 설명

업로드를 인터넷 스토리지로 처리한다. 즉, 클라이언트에서 가상 서버를 통하지 않고 인터넷 스토리지에 직접 업로드한다. 그렇게 되면 웹 서버에서 업로드 처리의 부하를 고려하지 않아도 된다.

구현

- 웹 서버(EC2)에 S3로 업로드하는 HTML의 폼을 만든다.
- 업로드 폼을 이용해 사용자 쪽에서 S3로 직접 파일을 업로드한다.
- S3로 파일 전송 완료 후에는 폼에 지정해둔 URL로 리다이렉트되어지므로 리다이렉트 서버에서 업로드 종료 확인 처리가 이루어진다.

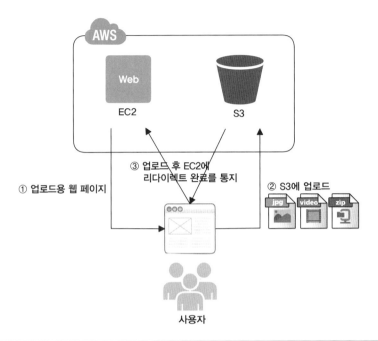

① 업로드용 웹 페이지
③ 업로드 후 EC2에 리다이렉트 완료를 통지
② S3에 업로드
사용자

그림 1-26 Direct Object Upload 패턴의 구조

장점

- 업로드용 EC2 인스턴스를 준비해야 하는 작업과 비용이 필요 없다.

- S3의 확장성 및 유연성을 활용하여 업로드 처리의 부하를 분산할 수 있다.

- S3에 데이터가 업로드되기 때문에 EC2 인스턴스 간의 공유가 간단해진다.

주의점

- S3와 연계하여 구현해야 하기 때문에 EC2만 이용한 업로드와 비교하면 구조가 복잡해
  진다.

기타

- HTML 폼은 수동으로 만들 수 있어 S3만으로 HTML 폼의 배포와 업로드를 함께 사용할 수 있다.

관계 데이터베이스 패턴

27. DB Replication 패턴
온라인 DB 복제

해결하고 싶은 문제

시스템에서 중요한 데이터를 보호하는 기본적인 방법은 데이터 베이스에 저장하는 것이다. 더욱이 최근에는 데이터 베이스의 레플리케이션 기능의 사용도 늘어나고 있다. 레플리케이션은 비교적 잘 되지만, 기존에는 비용의 문제로 하나의 데이터 센터 내에서 이루어지는 경우가 많았다. 그러나 동일본 대지진과 같은 대규모 재해가 현실에서 일어나고 데이터 센터별로 피해를 입는 경우를 예상해야 한다.

클라우드에서의 해결/패턴 설명

지리적 위치 간의 레플리케이션 패턴. 이 패턴을 통해 데이터 분실을 방지하고 데이터 액세스의 가용성을 확보한다. 클라우드 이전부터 있던 패턴이지만, 클라우드를 이용하면 저비용으로 여러 지역을 이용할 수 있어 현실적인 대안이 되고 있다.

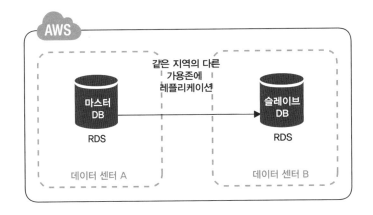

그림 1-27 DB Replication 패턴의 구조

구현

AWS에는 「지역(region)」「가용존(AZ)」이라는 개념이 있다. 지역이 더 큰 개념으로, 도쿄 지역에 복수의 가용존이 있는 식이다. 이 점을 고려하면 다른 데이터 센터에 문제없이 EC2를 배치할 수 있고, 데이터베이스의 레플리케이션을 할 수 있다. 가용존 간의 리플리케이션은 RDS의 Multi-AZ를 이용하면 쉽게 구현할 수 있다. 물론 EC2에 데이터베이스를 설치하여 구현해도 된다.

- 두 대의 EC2를 지리적 위치가 다른 가용존에 배치한다.
- 각각의 EC2에 RDBMS를 설치하고 레플리케이션 설정을 한다.

장점

- 재해나 장애가 일어나도 데이터 분실 없이 업무를 계속할 수 있다.
- DB에 패치를 적용할 때 레플리케이션하고 있는 데이터베이스로 액세스 위치를 바꾸면 시스템을 멈추지 않아도 된다.

주의점

■ 마스터 DB에 장애가 일어나면 슬레이브로 페일오버하지만, 페일오버 시의 다운타임에
  주의해야 한다.

기타

■ 재해 복구를 목적으로 하는 경우, 지리적으로 멀리 떨어진 장소(다른 위치)의 DB에 대해
  레플리케이션 설정을 한다.

■ 다른 위치의 데이터베이스에 레플리케이션할 경우, 동기식 레플리케이션을 이용하면
  성능이 저하되는 경우가 있다. 그럴 때는 비동기 레플리케이션이나 정기적 레플리케이
  션을 검토한다.

28. Read Replica 패턴
읽기전용 레플리카를 통한 부하분산

해결하고 싶은 문제

데이터베이스의 액세스 빈도가 높아 DB 서버의 자원이 줄어들 때는 서버의 사양을 높이
는(즉, 스케일 업) 경우가 많다. 스케일 업이 힘들 때는 DB 서버를 수평 분산하는 스케일 아
웃이 이루어지나, 일반적으로 어려워한다. 일반적으로 데이터베이스의 쓰기보다 읽기가
비교적 많기 때문에 읽기 처리를 분산하여 시스템 전체의 성능을 높이는 것이 요구된다.

클라우드에서의 해결/패턴 설명

읽기 성능을 높이기 위해서는 몇 가지 처리 방법이 있다. 이 패턴에서는 읽기를 여러 대의
「Read Replica(읽기전용 레플리카)」에 분산하는 것으로 전체 성능을 높인다. 읽기전용 레플

리카는 마스터에 대해 쓰기에 따라 자기 자신의 데이터에 반영한다. 읽기는 주로 읽기전용 레플리카를 이용하는 것으로 마스터의 부하를 줄일 수 있다.

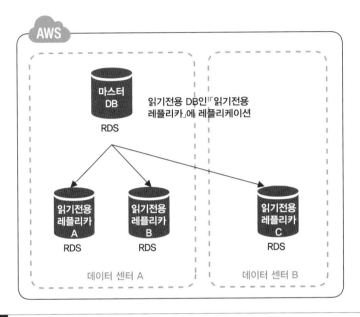

그림 1-28 Read Replica 패턴의 구조

구현

AWS의 RDBMS 서비스인 「RDS」에는 「Read Replica」라는 읽기전용 데이터베이스를 쉽게 만들 수 있는 기능이 있다. 또, EC2를 이용해 읽기전용 데이터베이스를 만들 수 있다.

- 마스터 DB의 읽기전용 레플리카를 만든다. RDS가 대응하고 있는 데이터베이스의 경우는 Read Replica 기능으로 만든다.

- 애플리케이션에서 데이터를 읽는 경우는 읽기전용 레플리카를 액세스 위치로 설정한다.

- 복수의 읽기전용 레플리카를 이용할 수 있지만, 애플리케이션 쪽에서 배분할 필요가 있다. 그때 HAProxy나 MySQL Proxy 등의 미들웨어를 이용해도 된다.

장점

- 데이터베이스에서의 읽기 부하가 높은 경우 부하분산이 가능하다.

- 데이터 분석 용도 등으로 마스터에 부하는 주지 않고 처리를 해야 할 경우 유용하다.

주의점

- 읽기전용 레플리카는 이중화가 목적이 아니기 때문에 데이터베이스의 안전성을 높이기 위해서는 읽기전용 리플리카가 아닌 DB 레플리케이션 그 자체를 생각한다. 물론, 읽기 전용 레플리카와 DB 레플리케이션을 같이 사용할 수 있다.

- 일반적으로 읽기전용 레플리카는 비동기 레플리케이션이기 때문에 마스터와 읽기전용 레플리카 사이에 약간의 지연이 있음에 주의한다.

29. Inmemory DB Cache 패턴
자주 사용되는 데이터 캐시화

해결하고 싶은 문제

데이터베이스 부하의 대부분은 읽기에 관한 것인 경우가 많다. 그 때문에 데이터베이스의 읽기 성능을 개선하면 시스템 전체의 성능 향상과 연결된다.

클라우드에서의 해결/패턴 설명

데이터베이스에서 읽기 성능을 높이는 방법으로 읽기에 자주 사용되는 데이터를 메모리에 캐시하는 것이 일반적이다. 한 번 사용한 데이터를 캐시에 올려두고 다음에 사용할 때(디스크가 아닌) 메모리에서 읽기 처리를 끝내는 방법이다. 캐시하는 데이터의 전형적인 예로, 데이터베이스 처리에 있어서 시간이 걸리는 쿼리 결과나 복잡한 계산 결과 등을 들 수 있다.

구현

AWS의 「ElastiCache」는 메모리 캐시 서비스다. 이 서비스는 장애 시의 자동 복구 기능 등도 가지고 있다.

- 메모리 캐시를 준비한다. ElastiCache를 사용해도 되며, EC2에 오픈 소스인 mem-cached를 이용해도 된다.

- 데이터를 읽을 때 먼저 메모리 캐시의 데이터를 참조한다. 데이터가 없다면 DB에서 읽어오고 캐시에 데이터를 등록한다.

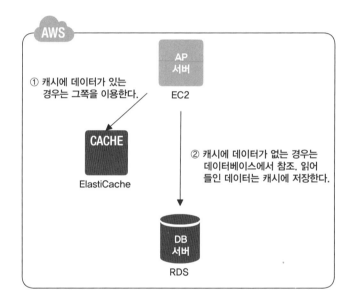

그림 1-29 Inmemory DB Cache 패턴의 구조

장점

- 캐시로 빠른 메모리를 이용하여 데이터베이스의 읽기 부하를 줄이고 시스템 전체의 성능을 높일 수 있다.

- ElastiCache를 사용하면 효율적인 운영이 가능하고 장애에도 강해진다.

주의점

■ 쿼리의 결과를 캐시할 때는 트레이드 오프를 고려해야 한다. 특정 쿼리의 읽기와 쿼리에 관련된 테이블의 쓰기 비율이 중요하다. 예를 들어, 참조를 매우 많이 하고(분당 몇 차례) 갱신이 얼마 없는(매일 또는 매시간마다) 경우는 캐시할 필요가 있다. 그러나 캐시에 오래된 데이터가 남아 있지 않도록 처리가 필요하다.

■ 캐시를 이용하려면 DB에 액세스하는 프로그램을 수정해야 한다.

30. Sharding Write 패턴
쓰기 효율화

해결하고 싶은 문제

RDBMS의 읽기에 대한 고속화는 매우 중요하고 난이도가 높은 문제다. 스케일 업으로 낼 수 있는 이상의 성능을 내는 것은 당연히 여러 대의 데이터베이스 서버를 이용하면 되지만, 어떻게 해야 하는지는 언제나 고민이다.

클라우드에서의 해결/패턴 설명

여러 대의 데이터베이스 서버에 쓰기 성능을 높이는 방법으로 「샤딩」이 있다. 기본적으로 같은 구조의 데이터베이스를 만들어 테이블의 컬럼을 키로 사용해 분할하여 쓰기 처리를 분산한다.

구현

AWS의 RDBMS 서비스인 「RDS」를 샤딩 백엔드 데이터베이스로 이용하면 가용성과 운영 효율을 높일 수 있다.

- Spider 스토리지 엔진을 가지고 있는 MySQL 서버 등의 샤딩 소프트웨어를 EC2에 설치한다.

- 여러 대의 RDS를 준비하여 샤딩 백엔드 데이터베이스로 만든다.

- RDS를 여러 지역으로 분산시킬 수 있다.

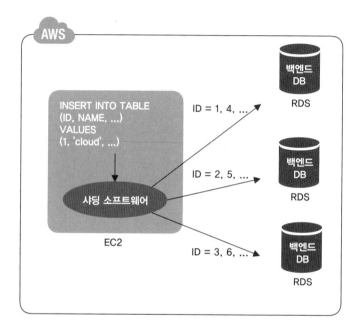

| 그림 1-30 | Sharding Write 패턴의 구조

장점

- 샤딩 백엔드 데이터베이스로 RDS(Multi-AZ)를 이용하면 높은 가용성을 구현할 수 있다.

- 백엔드 데이터베이스를 여러 지역으로 분산하면 각 지역의 시스템 성능 향상을 도모할 수 있다.

주의점

■ 백엔드 데이터베이스를 여러 지역에 분산하는 경우에 샤딩 소프트웨어와 통신을 암호화해야 할 경우가 있다.

기타

■ Read Replica 패턴을 참조한다.

일괄 처리 패턴

31. Queuing Chain 패턴
시스템 간의 낮은 의존도 구성

해결하고 싶은 문제

여러 시스템에서 처리를 연계하여 순차적 처리(예를 들어, 이미지 처리의 경우에 이미지 업로드, 저장, 인코딩, 섬네일 작성 등의 순차 작업)를 할 때 시스템들이 밀접하게 결합되어 있다면, 성능 측면에서 병목현상이 발생할 수 있다. 또, 장애 시 복구 작업이 복잡해진다. 가능하면 시스템 간의 의존도를 낮게 하는 것이 성능이나 유지 및 보수 측면에서 바람직하다.

클라우드에서의 해결/패턴 설명

시스템 간의 의존도를 낮추는 하나의 방법은 시스템들을 큐로 연결하여 작업 전달을 큐 안에 있는 메시지를 통해 송수신하는 것이다. 이렇게 하면 비동기로 시스템 연계가 가능하다. 이 방법의 경우, 메시지를 받고 처리하는 가상 서버 수를 늘려 병렬처리를 할 수 있기 때문에 쉽게 병목현상을 없앨 수 있다. 또, 가상 서버에 장애가 발생해도 미처리 메시지는 큐에 남아 가상 서버가 복구되면 처리를 재개한다. 이 패턴은 클라우드가 아니라도 이용이 가능하지만 큐 자체가 클라우드 서비스로 제공되며, 또한 가상 서버를 유연하게 구축할 수 있는 클라우드 특성으로 이전보다 훨씬 이용이 쉬워졌다.

구현

어떤 처리를 담당하는 EC2 인스턴스에서 다음 처리를 담당하는 EC2 인스턴스로의 처리 전달은 「SQS」를 통해 한다. SQS는 AWS의 큐 서비스다. EC2에서 처리는 작업(메시지) 수신 ➡ 작업 처리 ➡ 작업(메시지) 송신을 반복하게 된다. 작업의 성질에 따라서는 여러 대의 EC2에서 처리할 수도 있다.

장점

- 비동기 처리를 함으로써 바로 응답을 줄 수 있다.

- 시스템을 단순한 처리(EC2)의 의존도가 낮은 구성으로 만들 수 있다.

- 성능이나 서비스 요구조건에 대하여 작업 처리에 이용하는 EC2를 추가하고 삭제하는 것만으로 대응할 수 있다.

- EC2에 장애가 발생해도 큐 서비스에 메시지(작업)가 남아 있고, EC2가 복구되면 바로 처리가 가능하여 장애에 강한 시스템이 된다.

주의점

- SQS에서는 큐에서 메시지를 불러낼 때 메시지의 순서는 완전하게 맞지 않아 정확한 순서로 처리해야 하는 시스템에서는 주의가 필요하다.

기타

- Priority Queue 패턴을 같이 사용할 수 있다.

- Amazon Simple Workflow를 이용하면 단순한 큐잉뿐 아니라 복잡한 작업도 비교적 쉽게 구현할 수 있다.

■ Job Observer 패턴을 참조한다.

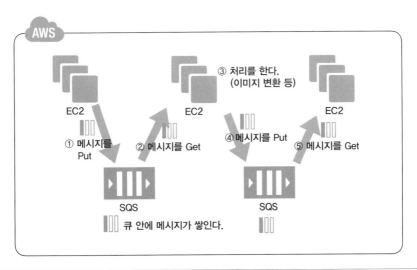

그림 1-31 Queuing Chain 패턴의 구조

32. Priority Queue 패턴
우선순위 변경

해결하고 싶은 문제

많은 일괄 작업을 처리해야 하고 거기에 작업의 우선순위가 있는 경우를 생각할 수 있다. 예를 들어, 프레젠테이션 파일을 웹브라우저로 업로드하여 공개할 수 있는 서비스로, 무료 사용자와 회원 사용자의 서비스 레벨(공개까지 시간)이 다른 경우가 이 경우에 해당된다. 사용자가 프레젠테이션 파일을 업로드하면 시스템에서 공개하기 위해 변환 처리 등을 일괄 작업으로 하고, 변환 후 파일을 공개한다. 그 일괄 처리를 회원 종류별로 어떻게 우선순위

를 정할지가 문제다.

클라우드에서의 해결/패턴 설명

일괄 작업의 관리에는 큐를 사용할 수 있다. 큐를 우선순위 수만큼 준비하면 된다. 작업 요청을 큐로 관리하고, 큐의 작업 요청을 일괄 작업으로 처리한다. 클라우드에는 높은 신뢰성을 가진 큐 서비스가 제공되고 있고, 그것을 이용하면 쉽게 높은 신뢰성을 가진 일괄 처리 시스템 구축을 할 수 있다. 큐를 우선순위에 따라 여러 대 준비하고, 작업 요청을 우선순위에 따라 큐에 나눠 넣으면 일괄 처리의 우선순위를 정할 수 있다. 큐에 대응되는 일괄처리 서버 성능(수)은 우선순위에 따라 준비할 필요가 있다.

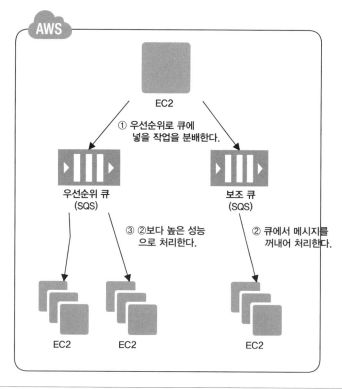

그림 1-32 Priority Queue 패턴의 구조

구현

AWS 큐 서비스는 「SQS」다. SQS 큐를 여러 대 준비하면 우선순위별 큐(우선순위 큐, 보조 큐)를 준비할 수 있다. 또한, 메시지 지연 송신 기능을 이용하면 처리 실행을 고의적으로 지연시킬 수 있다.

- SQS를 이용해 우선순위별로 여러 대의 큐를 준비한다.

- 빨리 처리해야 하는 것(작업 요청)은 우선순위가 높은 큐에 넣는다.

- 우선순위에 맞춰 큐의 작업 요청을 처리하는 일괄 처리 서버를 준비한다.

- 큐에는 「메시지 지연 송신」 기능이 있다. 그것을 이용하면 처리 시작 시간을 지연시킬 수 있다.

장점

- 작업을 처리하는 서버를 추가하고 삭제하는 것으로 우선순위 큐, 보조 큐의 처리 속도를 동적으로 변경시킬 수 있다.

- 성능이나 서비스 요구조건에 따라 작업 처리에 이용하는 EC2를 추가하고 삭제하는 것만으로 대응할 수 있다.

- EC2에 장애가 발생해도 큐 서비스에 메시지(작업)가 남아 있어 EC2가 복구되면 바로 처리가 가능하여 장애에 강한 시스템이 된다.

주의점

- 처리하는 EC2 인스턴스의 수와 큐잉된 메시지 수의 균형에 따라 보조 큐 처리가 빨리 끝나는 경우도 있어서 주 큐와 보조 큐의 처리 속도를 감시해두는 것이 좋다.

기타

- Queuing Chain 패턴을 참조한다.

- Job Observer 패턴을 참조한다.

33. Job Observer 패턴
작업 감시와 서버 추가/삭제

해결하고 싶은 문제

일괄 처리 부하분산으로 작업 요청을 큐로 관리하고 큐의 작업 요청을 여러 대의 일괄 처리 서버가 병렬로 처리하는 방법이 있다. 그러나 준비한 일괄 처리 서버 수는 피크 수준에 맞춘 수이기 때문에 피크 외 시간대에는 일괄 처리 서버의 자원이 남아 비용 효율이 낮아진다. 또, 예상 이외로 부하가 일괄 처리 시스템에 몰릴 경우 응답 성능이 떨어진다.

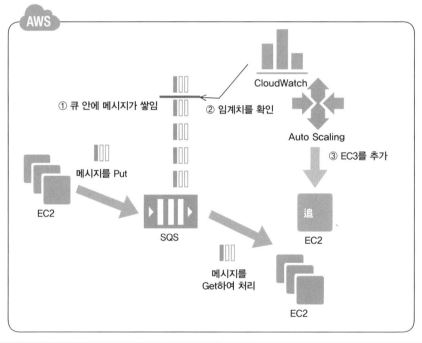

그림 1-33 Job Observer 패턴의 구조

클라우드에서의 해결/패턴 설명

기존에는 서버 자원을 동적으로 추가하고 삭제할 수 없었기 때문에 피크나 허용 비용 범위 내에서 일괄 처리 서버를 준비했다. 비용 효율이 좋지 않아 예상하지 못한 부하에 대응할 수 없었다. 클라우드에서는 부하를 감시하고 가상 서버를 자동으로 줄이고 늘리는 구조를 제공하고 있다. 이 구조를 이용하면 부하에 따라 서버를 추가하고 삭제할 수 있게 되며, 비용 효율이 좋고, 예상 외의 부하에 대응할 수 있게 된다. 구체적으로 작업 요청(큐의 메시지)에 대해 그 양을 감시하고, 필요에 따라 일괄 처리 서버를 자동으로 추가하고 삭제한다.

구현

AWS에서는 「Auto Scaling」이라고 하는 EC2를 자동으로 추가하고 삭제할 수 있는 기능이 있어 「CloudWatch」라는 자원 감시 툴과 연동하여 감시 항목 값에 따라 EC2를 추가하고 삭제할 수 있다. 이 CloudWatch로 감시할 수 있는 항목은 AWS가 제공하는 큐 서비스인 「SQS」 내의 메시지 수가 있다. 작업 요청을 SQS에서 관리하고 Auto Scaling과 CloudWatch를 사용하면, 큐 내의 메시지 수(작업 요청)에 따라 일괄 처리 서버를 자동으로 추가하고 삭제할 수 있는 시스템 구축이 가능하다.

- 작업 요청을 SQS의 메시지로 인큐한다.

- 일괄 처리 서버가 SQS에서 메시지를 디큐하여 처리한다.

- Auto Scaling으로 일괄 처리 서버가 자동으로 추가, 삭제할 수 있도록 설정하고, 추가, 삭제에 대한 트리거는 SQS 메시지 수(CloudWatch)로 한다.

장점

- 작업 서버 EC2 인스턴스 수는 작업 수와 연동되어 비용 효율이 좋아진다.

- 병렬 처리를 하기 때문에 작업 전체를 단시간에 실행할 수 있다.

- 작업 서버 EC2에 장애가 발생해도 SQS 메시지(작업 요청)가 남아 있어 EC2가 복구되면 바로 처리가 가능하여 장애에 강한 시스템이 된다.

주의점

- EC2 인스턴스는 시간 단위로 요금이 부과되고, 짧은 시간이라도 한 번 가동하고 종료하면 한 시간 분량의 요금이 부과된다. 가동, 종료 타이밍에 주의가 필요하다.

기타

- Queuing Chain 패턴이나 Priority Queue 패턴과 같이 사용할 수 있다.

34. Scheduled Autoscaling 패턴
일괄 처리 서버의 자동 가동/정지

해결하고 싶은 문제

정해진 시간에 실행되는 일괄 처리는 많은 시스템에서 이루어지고 있고, 그 방법으로는 항상 가동 중인 서버 위에 스케줄러(예를 들어, UNIX의 cron)를 사용하는 경우가 많다. 그러나 실제 일괄 처리를 하는 시간은 짧고, 그 시간 이외의 서버 자원은 낭비가 되며 비용 효율이 낮아진다. 이런 용도의 일괄 처리 서버 자원을 얼마나 효율적으로 사용하는지가 항상 문제였다.

클라우드에서의 해결/패턴 설명

기존에는 정해진 시간에 실행되는 일괄 처리 서버에도 당연히 항상 가동 중인 서버를 할당해야 했다. 그리고 다른 기능(처리)도 부여하여 서버 자원의 이용 효율을 높이려고 노력해 왔다. 클라우드에서는 필요할 때만 가상 서버를 이용할 수 있어 일괄 처리를 하는 경우에만 가상 서버를 가동할 수 있게 되었다. 정해진 시간에 실행되는 일괄 처리는 가상 서버를 정해진 시간에 가동하는 구조가 필요하다. 이것은 클라우드의 스케줄링 기능을 이용하면 구현할 수 있다.

구현

AWS에는 「Auto Scaling」이라는 EC2 인스턴스를 자동으로 추가하고 삭제하는 기능을 가지고 있어서 정해진 시간에 실행되는 일괄 처리에 이용할 수 있다.

- 가동할 때 해당 처리를 수행하는 AMI(서버 이미지)를 준비한다.

- Auto Scaling으로 지정한 시각에 AMI에서 EC2가 가동되도록 설정한다.

- 처리 완료 후에는 EC2가 종료되도록 EC2 자체에 Auto Scaling을 설정한다.

장점

- 정해진 시간에 일괄 처리하는 EC2 인스턴스는 항상 가동되지 않는다. 처리를 하는 시간에만 EC2 인스턴스가 가동하기 때문에 많은 비용 절감을 기대할 수 있다.

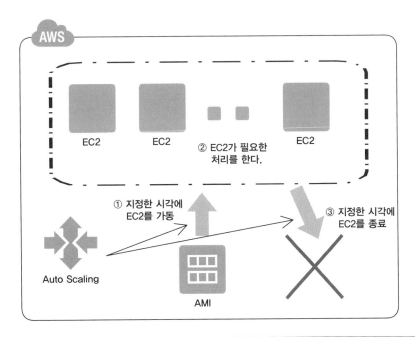

그림 1-34 Scheduled Autoscaling 패턴의 구조

주의점

- 일괄 처리 종료 시간을 정하기 어려운 경우, EC2 인스턴스의 일괄 처리가 끝나고 나서 EC2 인스턴스가 자신을 종료시키는 방법도 자주 사용된다.

- EC2 인스턴스는 시간 단위로 요금이 부과되고, 한 시간이 안 되게 사용했더라도 한 번 가동하고 종료하면 한 시간 분량의 요금이 부과된다. 가동, 종료 타이밍에 주의가 필요하다.

> 운용 보수 패턴

35. Bootstrap 패턴
가동 설정의 자동 수집

해결하고 싶은 문제

서버 이미지에서 서버를 만드는 방법, 즉 Stamp 패턴을 적용할 때 어느 정도의 빈도로 서버 이미지를 가지고 올 것인가는 운영 효율에 있어서 자주 거론되는 문제다. Stamp 패턴에서는 미들웨어부터 애플리케이션까지 전부 설정이 끝난 상태에서 서버를 가동하면 그대로 사용이 가능한 서버 이미지를 만들 수 있다. 이런 때 가상 서버의 가동은 굉장히 빠르지만, 미들웨어 중 하나를 업데이트해야 하거나 애플리케이션 설정을 바꿔야 할 때는 서버 이미지를 다시 만들어야 한다.

클라우드에서의 해결/패턴 설명

클라우드에서는 쉽게 서버 이미지를 만들 수 있으며, 가동할 때 파라미터를 설정할 수 있다. 이 기능을 사용하여 서버 구성에 필요한 파라미터를 전달하여 서버를 가동할 때 필요한 설정을 서버가 전달받아 설치, 가동, 설정까지 실행하는 서버 이미지를 만들 수 있다. 따라서 각각의 패키지 버전 변경이 있을 때는 서버 이미지를 고칠 필요가 없어진다.

구현

AMI(서버 이미지)를 용도에 맞춰 만든다. 구체적으로 EC2(가상 서버)의 초기화에 필요한 여러 가지 파일을 S3(인터넷 스토리지)에 배치하고 EC2를 가동할 때, 그 파라미터를 읽어와 동적으로 자기 자신을 구축할 수 있게 한다. 파라미터 파일은 Git 등의 저장소를 사용하는 것도 가능하다.

또한, Amazon Linux에는 cloud-init라는 초기 설정 기능이 있어서 사용자 데이터 영역에 초기화 스크립트를 만들어두고 자동으로 실행할 수 있다.

- 부트스트랩(bootstrap)을 할 때에는 필요한 데이터를 S3나 Git 등의 저장소에 준비해둔다. 부트스트랩을 적용한 AMI를 만들어둔다.
- EC2를 부트스트랩을 적용한 특정 AMI로 가동한다.
- EC2는 가동할 때 자신이 필요한 패키지를 받아 설치, 가동, 설정을 한다.
- AMI를 이용하여 필요에 따라 동적으로 서버를 복제할 수 있다. 동적으로 서버를 복제할 수 있다.

장점

- 설치가 필요한 패키지 버전이 업데이트되어도 AMI를 다시 만들 필요가 없다.
- 가동할 때 파라미터 등을 전달하여 설정 순서나 내용을 변경할 수 있다.

주의점

- 어떤 계층까지를 고정 AMI로 하고 어떤 계층의 상단을 가동 시에 동적으로 설정할 것인지는 선택해야 한다.
- Stamp 패턴과의 트레이드 오프를 고려하여 어떤 패턴을 적용할 것인지를 검토한다.

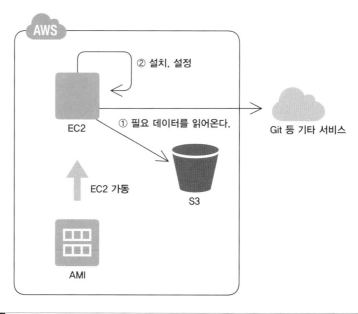

그림 1-35 Bootstrap 패턴의 구조

36. Cloud DI 패턴
변경이 많은 부분의 분리

해결하고 싶은 문제

대규모 시스템에서는 액세스 증가에 따라 서버를 증설하게 된다. 그런 경우, 서버 구축에 필요한 설치나 설정을 하나하나 수작업으로 하기에는 시간이 많이 걸리고 기간 내에 끝내는 것도 어렵다. 서버 구축 자동화를 하는 방법으로 시스템 관리 툴을 사용하는 방법도 있지만, 그렇게 하려면 비용 문제가 발생한다.

클라우드에서의 해결/패턴 설명

가상 서버를 가동할 때 그 서버의 목적에 맞게 서버 내부 구성을 자동으로 구축해야 하는 경우가 있다. 특히, Scale Out이나 Scheduled Autoscaling 패턴을 사용하여 운영을 자동화하려고 하는 경우에 요구된다. 이런 경우에 Bootstrap 패턴이 적합하지만, 외부에서 가져와야 할 정보(예를 들어, DB 접속 위치, IP 어드레스, 서버명, 인식 번호 등)가 많은 경우에는 이 Cloud DI 패턴을 이용하면 유연하게 서버 초기화를 할 수 있다.

구현

EC2를 가동할 때 EC2 인스턴스에 임의의 태그를 붙이는 기능이 있다. 이 기능을 이용하면 EC2를 가동할 때 태그 정보를 읽어와 그 정보에 맞게 설정한다.

- EC2의 고유 정보를 태그로 설정한다. (예를 들어, EIP를 태그로 설정한다.)
- EC2가 가동할 때 태그를 적용할 애플리케이션이 가동하도록 설정한다.
- 애플리케이션 내에서 태그 정보에 따라 EC2 초기 설정이 이루어진다. (설정한 EIP가 자동으로 EC2에 할당된다.)

장점

- Stamp 패턴, Bootstrap 패턴을 이용하여 범용적인 기본 서버 이미지에 고유의 설정을 할 수 있다.
- 태그 정보로 파라미터 설정을 하기 때문에 관리 콘솔에서 쉽게 설정 및 확인이 가능하다.
- 설정을 자동화함으로써 운영상의 실수를 줄일 수 있다.
- EC2 인스턴스 구축뿐만 아니라 AMI나 스냅샷을 자동으로 실행하는 구조에서도 사용할 수 있다.

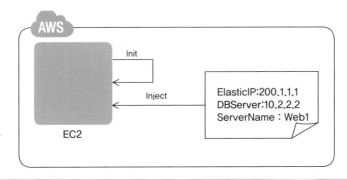

그림 1-36 Cloud DI 패턴의 구조

주의점

- 태그에는 넣을 수 있는 문자 수가 정해져 있는 경우가 있다. 그런 경우는 S3의 URL이
  나 네트워크 파일 경로 등 전달할 정보에 대한 포인터 정보를 태그에 설정한다.

기타

- 정보를 전달하기 위해 태그뿐만 아니고 사용자 데이터라고 하는 메타데이터도 이용할
  수 있다.

37. Stack Deployment 패턴
서버군 가동 템플릿화

해결하고 싶은 문제

시스템 개발이나 운용 보수에 있어서 일반적으로 테스트 환경이나 스테이징 환경을 준비
한다. 이 환경은 평상시에 사용하지 않아 서비스 환경과 동일한 대수의 서버를 준비하는

데에는 많은 비용이 들어간다. 가상 서버를 이용하면 비용 효율이 개선된다.

그러나 시스템이 복잡하고 가상 서버가 많은 경우, 그 환경을 만들고 관련된 가상 서버를 가동하고 정지하는 등의 작업에는 손이 많이 간다. 그렇게 되면 시간도 많이 걸리고 실수도 많아진다.

클라우드에서의 해결/패턴 설명

서버 그룹을 가동하는 템플릿을 준비하여 거기에 맞춰 자동으로 한 번에 가동하는 방법을 이용한다. 구축해야 하는 환경에 필요한 클라우드 컴포넌트를 템플릿에 넣어두고, 그 템플릿에 따라 환경 구축을 함으로써 복잡한 시스템을 실수 없이 준비할 수 있다.

구현

AWS의 「CloudFormation」이라는 서비스를 사용하여 서버 자원 등을 기술한 「CloudFormation 템플릿」에서 시스템(EC2 등)을 가동한다.

- 신규 또는 기존 환경에서 CloudFormation 템플릿을 만든다.
- 시스템을 이용할 때 CloudFormation 템플릿에서 시스템(EC2 등)을 한 번에 가동한다.
- 시스템을 종료할 때 CloudFormation 템플릿을 이용하여 한 번에 시스템을 삭제한다.

템플릿을 만들 때 기존 시스템에서 템플릿을 만드는 CloudFormer라는 툴도 사용할 수 있다.

장점

- 순서에 맞게 가동해야 하는 가상 서버(EC2)도 그 순서대로 가동하도록 스택 템플릿(CloudFormation 템플릿)을 만들 수 있어 운영에서의 실수를 줄일 수 있다.
- 스택 템플릿(CloudFormation 템플릿)을 버저닝하여 시스템 구성 이력 관리도 할 수 있다.
- 환경 구축뿐 아니라 철거도 쉽게 할 수 있다.

주의점

■ 시스템(가상 서버 등)이 업데이트되면 스택 탬플릿(CloudFormation 탬플릿) 내의 서버 이미지(AMI) ID도 업데이트해야 한다.

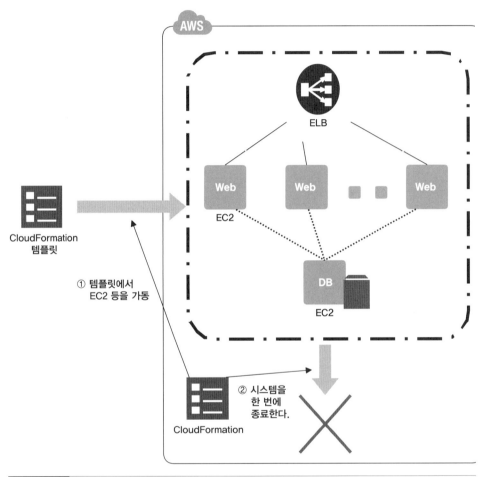

그림 1-37 Stack Deployment 패턴의 구조

기타

이 패턴은 단순히 시스템을 복제할 뿐만 아니라 EC2 기본 환경에서 사용자 기업과 전용 네트워크로 연결한 가상 프라이빗 클라우드(Virtual Private Cloud, VPC) 환경으로 이전 시에도 적용할 수 있다. 구체적으로는 툴(CloudFormer)을 이용하여 기존 시스템의 CloudFormation 템플릿을 만들고 이전 장소 VPN 환경(네트워크 정책, 서브넷)을 구축한다. 구축한 VPC ID나 서브넷 ID를 CloudFormation 템플릿에 등록하고 CloudFormation 템플릿을 사용하여 시스템을 가동한다.

38. Server Swapping 패턴
서버 이전

해결하고 싶은 문제

서버 장애가 발생하면 빨리 복구해야 한다. 장애 원인은 여러 가지가 있지만, 디스크에는 문제가 없는 경우가 많다. 그럴 때는 문제가 없는 디스크를 다른 서버에 장착하면 바로 복구할 수는 있지만, 데이터 센터 작업이나 서버의 준비, 디스크 교체 등으로 시간이 소비된다.

클라우드에서의 해결/패턴 설명

클라우드에서의 서버는 가상 서버이고 교체 가능한 가상 디스크를 이용할 수 있다. 가상 서버에 장애가 발생하면, 장애가 발생한 가상 서버의 디스크를 다른 가상 서버에 장착하여 장애 복구를 할 수 있다. 물리 서버와 비교하면 서버 준비와 엔지니어가 이동할 필요가 없어 짧은 시간에 복구가 가능하다.

구현

EBS는 EC2 인스턴스와 독립적으로 존재하며, 다른 EC2 인스턴스에 장착할 수 있고, 장애 발생 시 다른 EC2를 가동하여 EBS를 장착한다.

- EC2에 EBS를 연결하고 평상시에는 그쪽에 데이터를 보관한다.
- EC2의 장애 발생 시 같은 AMI에서 가상 서버를 가동하여 장애가 발생한 EC2의 데이터용 EBS를 새로운 EC2에 장착한다.
- 미들웨어나 파일 시스템을 재설정하고(예를 들어, 최신 데이터의 심볼릭 링크 등) 장애 직전의 상태로 복구한다.
- 이런 처리는 감시 소프트웨어(Nagios, Zabbix, Heartbeat 등)을 이용하여 자동화할 수 있다.

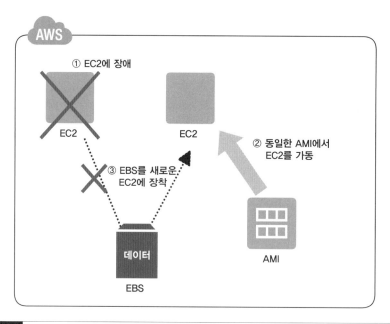

그림 1-38 │ Server Swapping 패턴의 구조

장점

- EC2의 장애 직전 상태로 복구가 가능하다.

- 루트 디스크를 교환하여 시스템(OS) 복구도 짧은 시간에 가능하다.

주의점

- EBS의 장애도 고려하여 스냅샷 등의 백업도 해야 한다.

- Floating IP 패턴과 같이 사용하면 EBS도 바꾸면서 고정 IP를 바꿀 수 있다.

39. Monitoring Integration 패턴
모니터링 툴 일원화

해결하고 싶은 문제

시스템 운영 작업에서 모니터링(서비스/자원 감시 등)은 필수이기 때문에 클라우드에서도 모니터링 서비스를 제공하고 있다. 그러나 클라우드 모니터링 서비스는 가상 서버 내(OS/미들웨어/애플리케이션 등)의 감시는 할 수 없기 때문에 다른 모니터링 시스템이 필요하다. 그렇게 되면 모니터링 시스템이 여러 대가 되고 운영(특히, 감시)이 복잡해지는 문제가 있다.

클라우드에서의 해결/패턴 설명

가상 서버 등은 클라우드의 모니터링으로 감시하고 OS/미들웨어/애플리케이션 등은 사용자가 구축한 모니터링 시스템을 이용하여 감시한다. 클라우드 모니터링 서비스는 API를 제공하고 있다. 그 API를 통해 별도로 구축한 모니터링 시스템에서 정보를 수집하여 클라우드를 포함한 통합 감시를 할 수 있다.

구현

EC2에 감시 소프트웨어를 설치하고 AWS 모니터링 서비스인 「CloudWatch」에서 모니터링 정보를 가지고 온다.

- 감시 소프트웨어(Nagios, Zabbix, Munin 등)를 도입한다.

- CloudWatch의 API를 이용하여 모니터링 정보를 수집하여 감시 소프트웨어에 전달하는 플러그인을 준비한다.

- 그 플러그인을 이용하여 클라우드를 포함한 통합 모니터링을 한다.

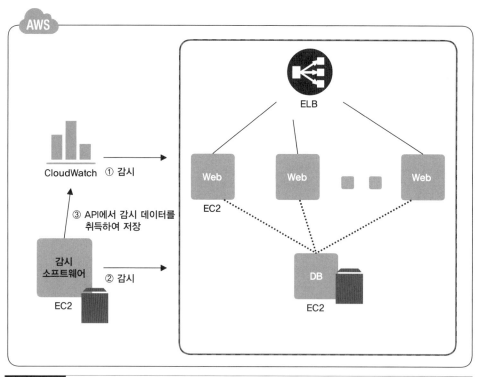

그림 1-39 Monitoring Integration 패턴의 구조

장점

- OS/미들웨어/애플리케이션과 같은 형식의 감시를 클라우드 자원에 대해서도 할 수 있다.

- CloudWatch의 데이터 보존 기간은 2주이지만, 감시 소프트웨어를 같이 사용하면 장 기간 데이터를 보관할 수 있다.

- 클라우드 자원의 상태 통지에 있어서도 감시 소프트웨어를 사용하면 통지 메일 내용 등 을 수정할 수 있다.

주의점

- 감시 소프트웨어가 정기적으로 API를 통해 CloudWatch에서 데이터를 수집하기 때문 에 그만큼의 API 이용료가 발생한다.

40. Web Storage Archive 패턴
대용량 데이터 아카이브화

해결하고 싶은 문제

각 서버에서 대량으로 발생하는 로그나 백업 파일은 일정 기간 보관해야 한다. 그러나 그 때문에 대용량 디스크를 준비하는 것은 비용적으로 효율이 좋지 않고, 특히 규모가 커져 가는 시스템에서는 보관할 파일 용량을 산정(캐퍼시티 플래닝)하기가 쉽지 않다. 각 서버의 로그를 공유 스토리지에 저장하고 단기간으로 로테이션하면 각 서버의 디스크 확장을 위 한 점검 시간을 없앨 수 있다. 그러나 공유 스토리지에 대해서도 위와 같은 캐퍼시티 플래 닝에 대한 문제가 존재한다.

클라우드에서의 해결/패턴 설명

클라우드에서는 실제 용량 제한이 없는 인터넷 스토리지가 있는 경우가 많고, 이 인터넷 스토리지를 로그 저장소로 이용할 수 있다. 이 경우, 디스크 확장을 위한 점검과 사전에 캐퍼시티 플래닝을 생각할 필요 없이 쉽게 공유 스토리지에 로그를 저장할 수 있다.

구현

S3는 고가용성과 안전성을 가지고 있고 로그 저장소로 적합하다. S3로의 업로드는 툴(예를 들어, s3cmd나 s3sync 등)을 이용하면 쉽게 업로드가 가능하다.

- EC2에서 출력되는 각종 로그를 로그 로테이션 소프트웨어(logrotate 등)로 로케이션 한다.

- 로테이션 타이밍에 로그를 S3에 보관한다. (로테이션 스크립트에 S3로 업로드하는 처리를 넣어준다.)

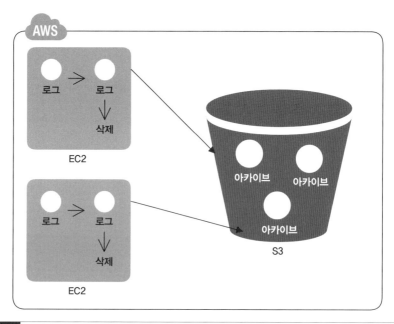

그림 1-40 Web Storage Archive 패턴의 구조

장점

- S3에 로그를 보관하면 디스크 공간을 신경 쓰지 않아도 되며, 또한 장애에 따른 로그 손실 위험성도 없어 로그를 안전하게 계속 보관할 수 있다.

- 백업 파일 보관도 같은 구조를 이용할 수 있다.

- EBS는 정액제 요금 부과 방식이지만, S3는 종량제 요금 부과 방식이다. 보다 합리적인 운영이 가능하다.

주의점

- 로그 로테이션을 하기 전에 EBS에 장애가 발생하는 경우는 이전 로테이션부터의 로그는 분실된다.

- Auto Scaling을 이용할 때는 EC2의 종료 시에도 해당 로그를 S3에 보관해야 한다.

41. Weighted Transition 패턴
가중치 라운드 로빈 DNS를 이용한 이전

해결하고 싶은 문제

시스템 전부를 어떤 지역에서 다른 지역으로 이전해야 할 때가 있다. 예를 들어, 일반 데이터 센터에서 클라우드로 시스템을 이전하는 경우나 클라우드의 어떤 지역에서 다른 지역으로 이전하려고 하는 경우를 생각할 수 있다. 이럴 때는 시스템 도메인 명을 변경하지 않거나 시스템의 정지 없이, 가능하면 서비스에 영향을 주지 않고 이전을 하고 싶어하는 경우가 많다.

클라우드에서의 해결/패턴 설명

도메인 명을 변경하지 않고 전 시스템을 이전하려면, DNS 서버에서 웨이티드 라운드 로빈(Weighted Round Robin)이라는 기능을 이용해 도메인을 찾을 때 기존 시스템에서 새로운 시스템으로 변경하는 방법이 있다. 처음에는 새로운 시스템에 작은 비율을 할당하고, 문제가 없다면 천천히 할당 비율을 늘려갈 수 있다. 클라우드에서 제공하는 DNS 서비스를 이용하면 웨이티드 라운드 로빈 설정도 쉽게 할 수 있다. 따라서 DNS 서버 운영에 대하여 큰 문제없이 이전 작업을 할 수 있다.

구현

AWS의 Route 53(DNS 서비스)로 웨이티드 라운드 로빈(Weighted Round Robin) 기능을 이용해 아래와 같이 이전할 수 있다.

- Route 53의 Hosted Zone에 기존 시스템의 Record Set을 만든다.

- 기존 시스템과 같은 구성으로 새로운 시스템을 준비한다.

- Route 53의 Hosted Zone 중에서 새로운 시스템으로의 Record Set을 만들고 웨이티드 라운드 로빈 설정을 한다.

- 처음에는 새로운 시스템으로의 비율을 정말 작게 해두고(예를 들어, 1%), 문제가 없다면 천천히 할당 비율을 늘려 최종적으로는 새로운 시스템으로 완전히 이전한다.

장점

- 기존 시스템을 변경하지 않고 새로운 시스템으로 이전이 가능하다.

- 트래픽을 조정해가며 기존 시스템에서 이전할 수 있어서 어떤 문제가 발생해도 바로 기존 시스템으로의 복원이 가능하다.

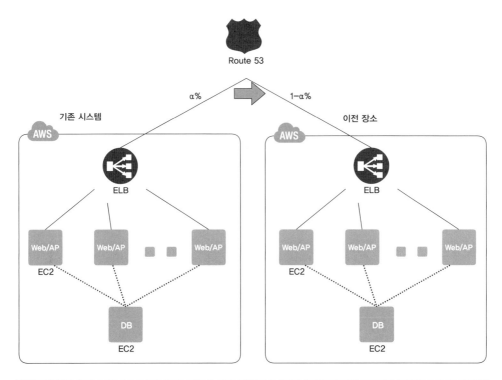

기존 시스템

이전 장소

α%

1−α%

Route 53

ELB

Web/AP   Web/AP   Web/AP

EC2

DB

EC2

ELB

Web/AP   Web/AP   Web/AP

EC2

DB

EC2

그림 1-41 Weighted Transition 패턴의 구조

주의점

■ 이전할 때 데이터베이스의 데이터 동기가 필요할 경우 그 부분에 대해서는 별도로 고려 해야 한다.

네트워크 패턴

42. OnDemand NAT 패턴
유지보수 시 인터넷 설정 변경

해결하고 싶은 문제

보안 시스템에서는 각 서버의 인터넷 액세스(아웃바운드)를 막아두는 경우가 많다. 그런 경우는 OS 패키지 업데이트 등 인터넷에 액세스가 필요한 유지보수 작업을 할 수 없게 된다. 해결 방법으로, 인터넷 접속용 NAT를 준비하여 NAT 경유로 인터넷에 액세스하게 하는 방법이 있다. 각 서버가 인터넷에 접속할 수 있는 조건을 NAT로 조정한다. 그러나 OS 패키지 업데이트 등의 유지보수 작업 기간만 NAT가 필요하고, 그 기간 이외에는 NAT 자원을 거의 사용하지 않아 자원을 낭비하게 된다.

클라우드에서의 해결/패턴 설명

원래 서버와 같은 장비는 영구적으로 계속 이용해야 하는 전제가 있었다. (예를 들어, 이용하지 않아도 구입비용 및 운영비용은 발생한다.) 일시적으로 이용하는 서버를 일시적 요금으로 운용한다는 것은 정말 어려운 일이었다. 그러나 클라우드의 가상 서버는 종량제 형태가 많다. 그래서 NAT를 가상 서버로 구현하고 OS 패키지 업데이트와 같은 유지보수 작업 시에만 가동하게 해두면 비용 효율이 좋아진다. 또한, 클라우드에서는 가상 서버를 가동하고 정지하는 API도 쉽게 사용할 수 있다. 이 API를 이용해 NAT(가상 서버)의 가동 및 정지를 자동화할 수 있다.

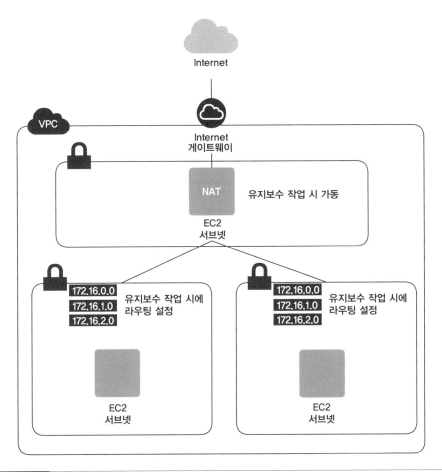

그림 1-42 OnDemand NAT 패턴의 구조

구현

클라우드에서 가상 네트워킹을 하는 VPC(가상 프라이빗 클라우드)에는 NAT 인스턴스를 만드는 기능이 있다. 또한, 서브넷별로 라우팅을 설정하는 기능도 있어서 라우팅을 적절하게 설정하면 서브넷 내의 EC2가 NAT 인스턴스를 경유하게 할 수 있다.

- VPC에서 NAT 인스턴스를 준비해둔다.
- 유지보수 작업 시작 시(인터넷 액세스가 필요할 시)에 NAT 인스턴스를 가동하고 서브넷 라우팅에 NAT 인스턴스를 설정한다.
- 유지보수 작업 종료 시 라우팅에서 NAT 인스턴스 설정을 삭제하고 NAT 인스턴스도 정지 및 삭제한다.

장점

- 유지보수 작업이 없을 경우는 내부에서 인터넷에 액세스할 수 없어 시스템의 보안 유지가 가능하다.
- NAT 인스턴스는 이용할 경우에만 가동하기 때문에 비용 절감 효과가 있다.

주의점

- 유지보수 작업 시에는 NAT 인스턴스 가동에서 서브넷 라우팅 조정까지 해야 하기 때문에 작업 실수가 발생하지 않게 스크립트로 자동화해두면 안전하다.

43. Backnet 패턴
관리용 인터넷 설치

해결하고 싶은 문제

인터넷에 게시하고 불특정 다수의 사용자가 액세스하는 서버(예를 들어, 웹 서버)는 관리 목적의 액세스도 같은 네트워크 인터페이스를 사용하는 경우가 많다. 그러나 높은 보안 레벨이 요구되는 경우, 신뢰할 수 있는 액세스와 그렇지 않은 액세스가 같은 네트워크 인터페이스를 사용하는 것은 피해야 하고 분리해야 하는 경우가 발생한다.

클라우드에서의 해결/패턴 설명

웹 서버에 여러 개의 네트워크 인터페이스를 설치하고 관리용과 서비스용 네트워크 인터페이스를 나누는 것은, 일반적으로 시스템 구축과 관리에서 자주 사용되는 방법이다. 이관리용 네트워크 인터페이스를 설치하는 것을 「백넷」이라고 하고, 이것을 준비하게 되면 관리상의 네트워크 리스크를 줄일 수 있다.

구현

VPN(가상 프라이빗 네트워크)에서는 EC2에 대해 두 개의 ENI(가상 네트워크 인터페이스)를 이용할 수 있다. 하나를 서비스용 네트워크 인터페이스로, 또 다른 하나를 관리용 네트워크 인터페이스로 설정한다.

- EC2 위에 웹 서버나 데이터베이스 서버를 설치하고 두 개(외부용과 내부용)의 ENI를 준비한다.

- ENI의 하나는 VPC의 퍼블릭 서브넷에 두고 0.0.0.0/0(모든 트래픽)을 서비스 인터넷 게이트웨이에 라우팅한다.

- ENI의 두 번째는 VPC의 프라이빗 서브넷에 두고 0.0.0.0/0(모든 트래픽)을 사내 인트라넷 등에 연결되는 VPN 게이트웨이에 라우팅한다. SSH 접속이나 관리, 로그 용도로도 사용한다.

- 다른 보안 그룹을 각 가상 네트워크 인터페이스에 적용할 수 있다. 한쪽의 가상 네트워크 인터페이스는 포트 80의 트래픽을 허용하고, 다른 한쪽의 네트워크 인터페이스에는 포트 22 트래픽을 허용하게 설정한다.

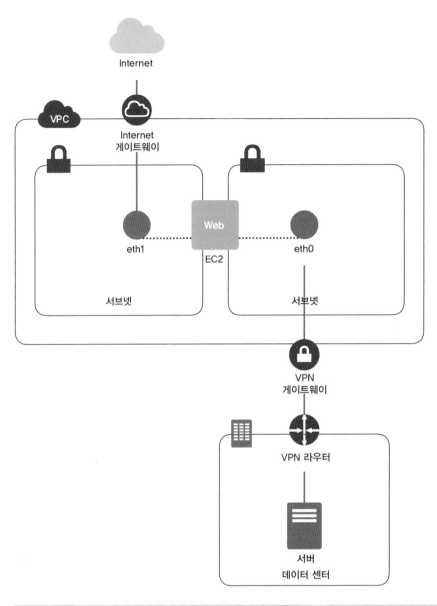

Internet

VPC

Internet
게이트웨이

Web

eth1

EC2

eth0

서브넷

서브넷

VPN
게이트웨이

VPN 라우터

서버
데이터 센터

그림 1-43 Backnet 패턴의 구조

장점

- SSH로 액세스할 수 있는 포트가 외부 인터넷용으로는 없기 때문에 높은 보안성을 가진다.
- 외부용과 내부용 가상 네트워크 인터페이스를 명확하게 나눌 수 있어서 작업 시 실수가 적어진다.

주의점

- VPN 설정도 필요한 경우에는 운용 비용이 그만큼 높아진다.

44. Functional Firewall 패턴
단계적 액세스 제한

해결하고 싶은 문제

방화벽을 이용한 계층적 액세스 제한은 기존 시스템에서도 통상 해왔던 보안 대책이다. 그러나 액세스 제한 룰이 많아지면 방화벽의 설정도 많아져 복잡해지고 거기에 따른 운용 비용도 높아진다. 또한, 방화벽에 룰의 그룹화가 불가능한 경우는 유지보수도 복잡해지고 실수할 가능성도 높아진다.

클라우드에서의 해결/패턴 설명

기존 방화벽은 전용 장비를 사용해 그룹화하지 않고 룰을 관리하는 경우가 많았다. 그룹화가 가능하다고 해도 서버 단위로 쉽게 적용하기는 어려웠다. 클라우드에서는 방화벽에 대해서도 가상화되어 있어서 보다 유연하게 설정할 수 있게 되어 있다. 그리고 룰을 그룹화하여 그룹 단위의 설정이나 각 서버로의 적용이 가능한 것도 있다. 이 그룹 단위를 기능별(웹이나 DB 등)로 하게 되면 기능에 관한 설정을 그룹 내에서 통합 관리가 가능하게 된다.

가상 서버로의 적용도 기능 그룹 단위로 할 수 있어 액세스 제한의 유지보수도 쉽게 할 수 있고 작업 실수도 적어진다.

구현

AWS에서는 보안 그룹이라고 불리는 가상 방화벽을 이용할 수 있다. 기능별로 보안 그룹을 만들고 룰을 통합 관리한다. 설정하려는 보안 그룹을 기능 단위로 나누어 EC2 인스턴스에 적용하여 기능별로 그룹화한다.

- 기능별(웹 단, 애플리케이션 단, DB 단 등)로 EC2를 그룹화한다.
- EC2의 그룹별로 보안 그룹을 만들고 EC2에 설정한다.
- IP 어드레스나 포트 번호 등의 보안 그룹 설정을 한다.

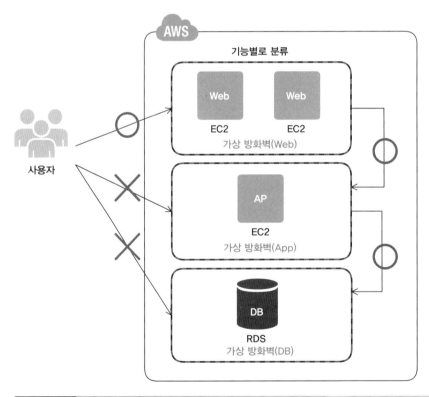

그림 1-44 Functional Firewall 패턴의 구조

장점

- 계층화한 액세스 제한이 가능하여 보안이 향상된다.

- 기능별로 EC2 가상 서버를 그룹화하기 때문에 Scale Out 패턴을 적용하는 경우에도 가상 방화벽 설정이 필요 없다.

주의점

- 가상 방화벽은 논리적으로 구현된 것으로 몇 개라도 정의가 가능하지만, 많이 만들게 되면 가독성이 나빠지기 때문에 기능 그룹 세부화에 주의가 필요하다.

45. Operational Firewall 패턴
기능별 액세스 제한

해결하고 싶은 문제

대규모 시스템이 되면 개발 보수 조직이 많이 존재한다. 예를 들어, 시스템 개발을 하는 회사, 로그 분석이나 운용 감시를 하는 회사 등으로 나뉘는 경우가 이에 속한다. 방화벽 룰을 기능별 그룹으로 정의한 경우, 액세스 대상이 변경되거나 액세스 자체를 제한하려고 할때는 그때그때 기능별로 그룹화된 룰을 변경해야 한다. 설정에 시간도 많이 걸리고 각각의 조직이 어느 서버에 액세스할 수 있는지를 일원적으로 관리할 수 없다.

클라우드에서의 해결/패턴 설명

기존 장비는 전용 장비를 이용하고 룰도 기능별로 정리하여 적용(관리)하는 경우가 많았다. 클라우드에서는 방화벽은 가상화되어 있어 보다 유연하게 설정할 수 있다.

룰을 그룹화하고 그룹 단위로 설정하거나 서버에 적용할 수 있다. 이 그룹이라는 단위를 조직으로 하게 되면 조직에 대한 설정을 통합 관리할 수 있다.

구현

보안 그룹은 여러 개로 만들 수 있어 조직별로 만들어 조직별로 룰을 통합 관리한다. VPC(가상 프라이빗 클라우드)의 경우는 동작 중인 EC2에 대해서도 가상 방화벽을 적용하고 해제할 수 있어서 필요에 따라 설정할 수 있다.

- 개발 회사나 운영 회사 등 조직별로 보안 그룹을 만든다.
- 각 보안 그룹에 그룹(조직)에 따른 설정을 한다. (액세스 장소 및 액세스 포트 등)

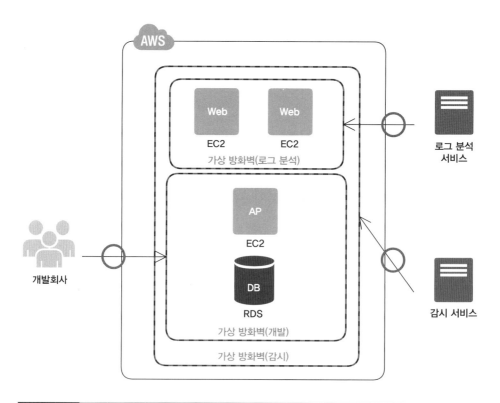

그림 1-45 Operational Firewall 패턴의 구조

- 보안 그룹을 EC2에 적용한다.

장점

- 액세스하는 조직별로 액세스 정보를 통합 관리할 수 있다.

- 액세스 제한을 변경할 때 설정 작업 실수를 줄일 수 있다.

- Functional Firewall 패턴과 같이 사용할 수 있다.

주의점

- 가상 방화벽은 일반적으로 사용자 식별 기능이 없다. 따라서 접속 장소 IP 어드레스를 이용한 제한이 주된 기능이기 때문에 사용자별 제한은 OS나 애플리케이션 계층에서 구현해야 한다.

46. Multi Load Balancer 패턴
복수 로드 밸런서 설치

해결하고 싶은 문제

웹 애플리케이션을 멀티 디바이스에서 사용해야 되는 경우는 PC나 휴대폰, 스마트 폰에서 액세스해야 한다. 그때 액세스 디바이스별로 SSL이나 세션 분배 등의 설정을 해야 하는데, EC2 인스턴스 자체에 그런 설정을 하게 되면 서버가 늘어나거나 설정 변경 시의 작업이 정말 번거로워진다.

클라우드에서의 해결/패턴 설명

웹 애플리케이션을 호스팅하고 있는 가상 서버 그룹에 대해 설정이 다른 여러 대의 가상 로드 밸런서를 할당하여 문제를 해결할 수 있다. 결국, 서버에 설정을 하지 않고 각 디바이스에서의 액세스를 가상 로드 밸런서를 경유하도록 변경할 수 있게 된다. 예를 들어, 세션이나 상태 확인, HTTPS 등의 설정이 그것이다.

구현

하나의 EC2에 여러 대의 ELB(가상 로드 밸런서)를 할당한다. ELB의 SSL Termination 기능을 사용하면 HTTPS(SSL)의 처리를 할 수 있다.

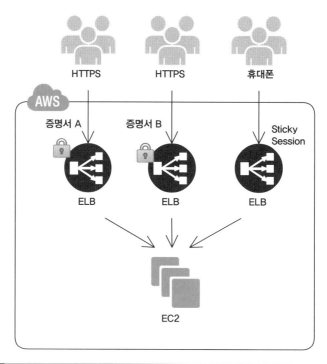

그림 1-46 Multi Load Balancer 패턴의 구조

- ELB 아래에 EC2를 배치한다.

- 세션이나 상태 확인, HTTPS의 설정 등이 다른 ELB를 준비하고 같은 EC2에 적용되도록 한다.

장점

- 같은 EC2에서 휴대폰 사이트나 PC 사이트로의 접속을 변경(로드 밸런서 레벨)할 수 있다.

- 같은 EC2에서 여러 개의 SSL(HTTPS)을 이용하는 경우도 SSL(HTTPS)별로 ELB를 준비하면 구현 가능하다.

주의점

- 유지보수 등으로 수동으로 EC2를 ELB에서 분리할 때는 모든 ELB에서 분리해야 하기 때문에 주의 해야 한다.

기타

- Multi-Server 패턴을 참조한다.

47. WAF Proxy 패턴
고가의 Web Application Firewall의 효율적 활용

해결하고 싶은 문제

전자상거래 사이트 등 중요한 개인정보(신용카드 정보 등)를 사용하는 웹 사이트는 보안 강화를 위해서 WAF(Web Application Firewall)를 도입하는 경우가 많다. 그러나 클라우드

에서의 시스템은 작은 규모로 구축된 시스템이 많고, 대부분의 경우 WAF 도입은 고려하지 않는다. 또한, 스케일 아웃/인에 따른 서버의 추가 및 삭제를 고려한 시스템이 많은데, 그런 때는 필요한 라이선스 수를 알 수 없기 때문에 WAF 도입은 어렵다.

클라우드에서의 해결/패턴 설명

기존에는 서버 대수를 결정하고 준비하기 때문에 도입하는 WAF 대수도 정해져 있어 특별히 문제는 없었다. 그러나 시간 단위로 서버의 추가/삭제가 이루어질 수 있는 클라우드 환경에서는 그 서버에 WAF를 도입하는 것은 비현실적이고, 오히려 그 위에 프락시 서버를 도입하여 WAF를 설치하는 편이 효과적이다. WAF 기능만 하는 프락시 서버를 구축하면 적은 대수로 운영할 수 있어 최소한의 라이선스로도 운영이 가능하게 되었다.

구현

EC2와 ELB 간에 WAF가 설치된 프락시 서버를 배치한다. 이중화를 위해 여러 대를 도입하는 것이 좋다.

- ELB와 EC3 사이에 WAF를 설치한 프락시 서버(EC2)를 준비한다.
- 프락시 서버에는 필요에 따라 HAProxy 등의 부하분산을 하는 미들웨어도 도입한다.

장점

- 웹/AP 서버에 설정하지 않고 WAF 도입이 가능하다.
- WAF에 필요한 라이선스 수가 웹/AP 서버 대수가 아닌 그보다 적은 프락시 서버 대수가 된다.

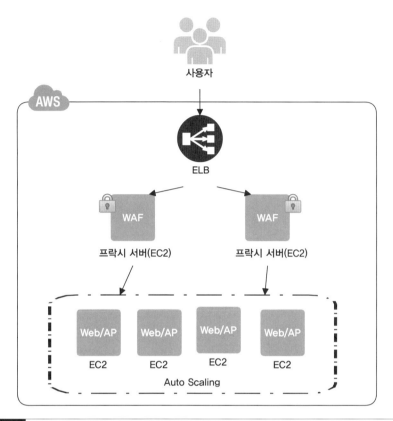

사용자

AWS

ELB

WAF

WAF

프락시 서버(EC2)

프락시 서버(EC2)

Web/AP

Web/AP

Web/AP

Web/AP

EC2

EC2

EC2

EC2

Auto Scaling

그림 1-47 WAF Proxy 패턴의 구조

주의점

- SPOF를 피하기 위해 프락시 서버를 여러 대 구성한다.

- 웹/AP 서버는 ELB에 대해 간접적으로 연결되어 있다. 따라서 서버 추가 및 삭제를 할 때는 Auto Scaling이 ELB에 자동으로 EC2를 할당하는 기능을 사용할 수 없게 된다.

48. CloudHub 패턴
VPN 지점 설치

해결하고 싶은 문제

여러 지점 간의 VPN(가상 프라이빗 네트워크) 접속을 풀 메쉬 토폴로지(Full Mesh Topology)형으로 구축하면, 지점이 늘어남에 따라 각 지점 VPN 라우터 설정도 복잡해지고 유지보수 비용도 늘어난다. 이 문제를 해결하기 위해 스타 토폴로지(Star Topology)형으로 VPN을 구축하면, 각 지점의 VPN 라우터는 VPN 허브에 접속만 하면 된다. 그러나 VPN 허브에 장애가 발생하면 모든 VPN 접속에 영향을 주기 때문에 VPN 허브의 가용성이 가장 중요하다.

클라우드에서의 해결/패턴 설명

기존의 VPN 허브는 가용성을 높이기 위해 VPN에 이용하는 통신 기기를 이중화하는 등 높은 초기 비용이 들었다. 또한, VPN 접속 이용량에 상관없이 장비 유지에 대한 고정비용이 발생하여 비용 효율이 좋지 않았다. 클라우드에서는 VPN 기능을 제공하는 것도 있고, VPN 허브로 이용할 수도 있다. 가용성이 높은 클라우드를 종량제로 사용하는 것이 되기 때문에 가용성이 높고 비용 효율도 좋아 여러 지점 간의 VPN을 쉽게 구축할 수 있다.

구현

VPC(가상 프라이빗 클라우드)의 서비스 안에는 VPN을 이용한 접속 기능을 제공하고 있다. 이 VPC를 VPN 허브로 사용하여 여러 지점에서 접속하게 되면, 지점 간의 VPN 접속 구현이 가능하다.

- VPC를 구축하고 VPN 허브가 되는 Virtual Private Gateway를 설정한다.

- 각 지점용으로 Customer Gateway를 설정하고, Virtual Private Gateway와 접속 되게 VPN Connection을 설정한다.

- 각 지점의 VPN 라우터를 설정하고 VPN 허브에 접속한다.

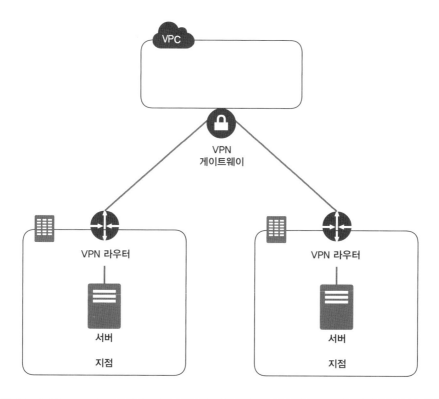

그림 1-48 CloudHub 패턴의 구조

장점

- 각 지점은 VPC에 대해 VPN 접속이 되면 각 지점에 대해서는 설정 없이 통신이 가능 하다.

- VPN 허브를 클라우드라는 가용성이 높고 운용 효율이 좋은 인프라를 이용하는 것으로, VPN 전체의 신뢰성을 높일 수 있다.

주의점

- VPC 이외의 어느 지점과 통신해도 반드시 VPC를 통과하게 되어 요금이 부과된다.

CHAPTER 2

클라우드
디자인 패턴
적용 시나리오

▍설 명

이전 장에서는 CDP(클라우드 디자인 패턴)에 대해 여러 가지 패턴의 배경이 된 문제와 패턴을 사용한 해결책을 설명했다. 이 장에서는 CDP의 적용 예를 설명한다.

가능하면 실제 시스템과 유사한 구성 시나리오를 준비하여 그 시나리오에서 일어날 수 있는 문제점을 설명한다. 그리고 문제를 해결하기 위해 CDP를 어떻게 적용할 것인지 그 과정에 대해 설명하겠다.

시스템 구축 시나리오로 아래 세 가지를 준비하였다.

이미지 동영상 공유 사이트

■ 개요

이미지나 동영상은 파일 크기가 크기 때문에 가능한 한 정적 콘텐츠를 저비용이면서 높은 성능으로 제공하는 것이 주요 관심사다. 제공 위치의 지역 범위가 넓은 경우에는 캐시나 콘텐츠 배포 등과 같은 기술의 사용도 고려해야 한다. 이 시나리오는 정적 콘텐츠를 호스팅하는 CDP를 중심으로 적용했다.

■ 적용한 주요 CDP

정적 콘텐츠 처리 패턴

- Web Storage
- Direct Hosting
- Cache Distribution
- Rename Distribution

■ 상세 설명은 하지 않지만 다루고 있는 CDP

정적 콘텐츠 처리 패턴

- Private Cache Distribution

데이터 업로드 패턴

- Write Proxy
- Storage Index
- Direct Object Upload

전자상거래 사이트

■ 개요

사이트가 아무런 문제없이 서비스하는 것이 매출에 직결되기 때문에 전자상거래 사이트에서는 가용성 및 안전성이 제일 중요하다. 그러기 위해서 가용성을 높이는 CDP를 중심으로 적용하고, 가능한 한 가동율이 높은 사이트 운영을 위한 설계 방법을 검토한다. 사이트 구축에서부터 시작하여 예상되는 시나리오에 따라 차례대로 안전성을 높여가는 설계 방법도 설명하겠다.

■ 적용한 주요 CDP

가용성 향상 패턴

- Multi-Server
- Multi-Datacenter
- Floating IP

관계 데이터베이스 패턴

- DB Replication

운용 보수 패턴

- Server Swapping

■ 상세 설명은 하지 않지만 다루고 있는 CDP

가용성 향상 패턴

- Deep Health Check

운용 보수 패턴

- Stack Deployment
- Weighted Transition

이벤트 사이트

■ 개요

이벤트 사이트의 특징은 광고 등의 프로모션을 하는 경우가 많아 사이트 액세스가 급증할 가능성이 높다. 급격하게 액세스가 늘어나도 시스템 자원을 유연하게 추가하여 사이트에 접속할 수 없는 상태가 되지 않도록 시스템 구성을 해둬야 한다.

또, 예약 접수나 회원 등록, 때로는 판매 등도 이벤트 사이트로 운영하기 때문에 동적 서버 처리가 필요하고, 정적 사이트에서는 구현이 어려운 경우가 많다. 그래서 부하분산에 대한 패턴을 중심으로 고부하 상태에서도 계속 가동할 수 있는 사이트 운영을 위한 설계 방법을 검토한다. 사이트의 구축에서부터 시작하여 예상되는 시나리오에 따라 차례대로 부하를 분산해가는 설계 방법을 설명하겠다.

■ 적용한 주요 CDP

동적 콘텐츠 처리 패턴

- Scale Out
- Clone Server
- NFS Sharing
- NFS Replica
- URL Rewriting

관계 데이터베이스 패턴

- Read Replica

■ 상세 설명은 하지 않지만 다루고 있는 CDP

기본 패턴

- Ondemand Disk

동적 콘텐츠 처리 패턴

- Rewrite Proxy
- Cache Proxy

일괄 처리 패턴

- Scheduled Autoscaling

운용 보수 패턴

- Web Storage Archive

2-1
이미지 동영상 공유 사이트

구름 사진을 올려둔 블로그(화면 2-1)를 개설하는 것에서부터 이 시나리오는 시작된다.

상용 사이트가 아닌 어디까지나 개인 취미로 시작하여 처음에는 트래픽이나 데이터 양은 신경 쓰지 않는다. 물론, 비용을 최대한 아껴야 한다. 그래서 AWS의 EC2 인스턴스를 한 개만 사용해 거기에 필요한 소프트웨어를 설치하고 사이트를 구축하는 것으로 했다. 선택한 것은 아래의 소프트웨어다.

화면 2-1

- Amazon Linux(64비트)
- Movable Type 5.12(http://www.movabletype.jp/opensource/)
- Apache HTTP Server 2.2.21
- MySQL 5.1.52
- Perl 5.10.1
- S3FS 1.61

블로그 사이트를 구축하는 소프트웨어에는 여러 가지가 있지만, 이번에는 「Movable Type(이하 MT)」을 선택했다. MT는 블로그를 포스트할 때 포스트 내용에 템플릿을 적용한 HTML 파일을 만들고, 지정한 디렉터리에 파일을 저장하는 방식이다. 이것은 「스태틱 퍼블리싱」이라고 불리는 방식으로, 블로그에 요청이 있을 때마다 동적으로 페이지를 만들지 않고, MT가 파일을 일단 만든 후에 MT를 통하지 않고 HTTP 서버만으로 파일을 배포할 수 있다. MT는 요청별로 동적 페이지를 만들지 않아도 되기 때문에 서버 자원을 절약할 수 있는 구조로 되어 있다(그림 2-1).

URL은 「www.clouddesignpattern.org」로 하겠다. 기존 레지스트라(도메인 업체)를 통해 이용하고, 그 도메인 명은 AWS의 「Route 53」을 사용해 관리하고 있다. 「www.cloud designpattern.org」를 서브 도메인으로 등록하고 이름 변환을 한다.

인기가 있으니 동영상도 올려보자

● Web Storage 패턴

도메인을 등록하고 사이트 운영을 시작한다. 둥실둥실 구름 사진을 업로드한 지 수 개월이 지났다.

구름 사진만 업로드해왔기 때문에 구름 애호가들에게 조금씩 알려져서 사이트 방문자 수가 늘어나게 되었다. 방문자가 늘어남에 따라 코멘트를 적는 사람도 생기기 시작했다. 그러던 중 눈에 띄는 것이 「동영상도 있으면 업로드해주세요」라는 코멘트나 「과거 이미지를 모아서 zip으로 배포해주세요」라는 코멘트다. 이런 요구사항을 받아들여 동영상과 zip 파일을 사이트에 업로드하기로 결정했다.

파일 크기가 작으면 웹 서버에서 그대로 배포하면 되지만, 동영상이나 zip 등은 수백 메가

바이트에서 기가바이트까지 커진다. 따라서 파일 배포가 시작되면 사용자 한 명의 다운로드
가 회선을 전부 사용하게 된다. 그리고 다운로드 시간이 길어져 네트워크 부하도 많아진다.

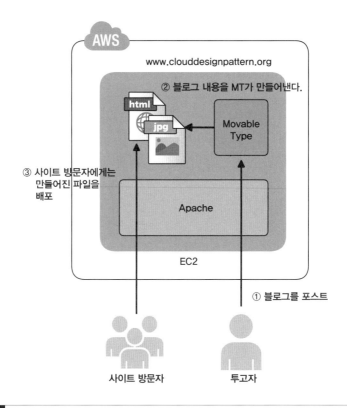

그림 2-1

이 문제에 대해서 처음에는 Scale Out 패턴이나 Scale Up 패턴을 생각했었다. 그렇지
만 두 패턴 모두 EC2의 처리 능력을 높이는 것이기 때문에 EC2 인스턴스 수를 늘리거나
EC2의 사양을 상위 레벨로 변경해야 한다. 비용이 늘어나는 것이 문제다. 가능하면 비용
을 많이 들이고 싶지 않았기 때문에 Web Storage 패턴을 적용하기로 했다. 시스템 구성
은 그림 2-2와 같다.

Web Storage 패턴을 적용할 때의 순서는 다음과 같다.

(1) S3에 데이터 저장용 버킷을 만든다.

(2) S3에 배포하려는 파일을 올린다.

(3) HTML 파일에 S3에 올려둔 파일 링크를 만든다.

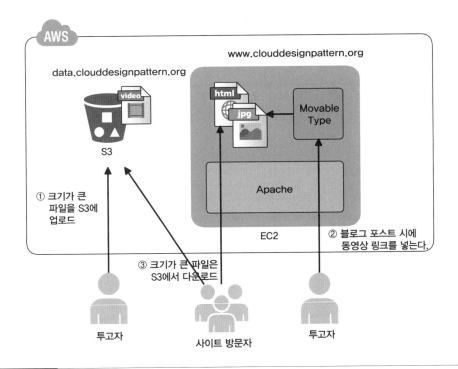

그림 2-2

크기가 큰 파일을 배포하는 위치로는 인터넷 스토리지인 「S3」를 이용한다. S3는 인터넷에서의 액세스에 대해 직접 배포가 가능하기 때문에 크기가 큰 파일을 S3에 올려두면 다운로드 부하를 EC2로 주지 않을 수 있다. 또한, 사전에 용량을 설정하지 않아도 되며, 요금 부과는 파일 크기에 대한 종량제 방식이다.

계속 되는 인기로 사이트에 과부하가 걸린다면

⊙ Direct Hosting 패턴

Web Storage 패턴을 적용하면 크기가 큰 파일의 다운로드 부하를 본 사이트(MT를 설치한 EC2 인스턴스)에 주지 않을 수 있었다. 얼마 동안은 문제없이 사이트 운영이 가능했지만, 동영상이나 Zip 파일 제공으로 더욱더 인기가 높아졌다. 자주 「사이트 접속이 안 된다」라는 상태에 빠지는 때가 많아지고, 그 원인은 본 사이트 자체의 과부하로 사이트 방문자의 액세스 증가를 감당하기 어렵게 되었다.

이런 경우에 Scale Up 패턴을 적용하고, EC2 인스턴스 자체의 자원 크기를 늘려 부하에 대응할 수 있다. 그러나 이후에 액세스 증가를 생각하면 근본적인 대처를 하는 것이 바람직하며, 또한 비용을 아끼고 싶다. 그래서 Direct Hosting 패턴을 적용하기로 했다. 시스템 구성은 그림 2-3과 같다.

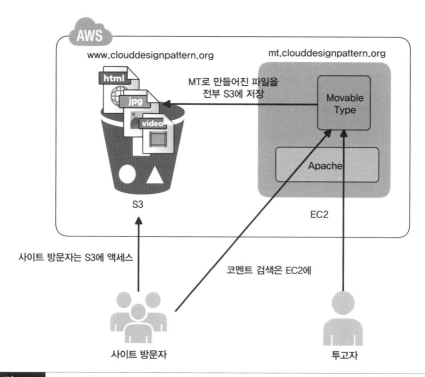

그림 2-3

Direct Hosting 패턴을 적용할 때의 순서는 다음과 같다.

(1) S3에 배포용 버킷을 만든다.

(2) EC2 인스턴스에 S3 버킷을 마운트하는 소프트웨어를 도입한다.

(3) MT의 파일 출력 장소를 마운트한 S3 버킷에 설정한다.

(4) S3 버킷에 EC2 인스턴스에 할당했던 DNS 명을 할당한다.

S3에는 웹 사이트 개설 기능도 있어 이 기능을 사용하면 S3를 HTTP 서버로 사용할 수 있다. Direct Hosting 패턴은 EC2 인스턴스에 설치한 HTTP 서버로 콘텐츠 파일(이미지나 동영상 등)을 배포하는 것이 아닌, S3에 모든 콘텐츠 파일을 저장하고 S3에서 배포한다. S3는 많은 액세스 부하에 견딜 수 있게 설계되어 자동적으로 부하분산을 하게 된다. S3의 이용자(=사이트의 설계자)가 액세스 부하를 신경 쓰지 않아도 된다.

Direct Hosting 패턴을 적용하면 EC2는 S3 상의 파일을 갱신만 하는 역할을 하게 되고, 사용자 액세스는 전부 S3에 맡길 수 있다. 새로운 EC2 인스턴스를 사용할 필요가 없어서 비용 측면에서 장점이 많다.

EC2에서 S3 상의 파일을 갱신하는 방법은 몇 가지가 있지만, 여기서는 「S3FS」를 이용한다. S3FS는 S3 버킷을 EC2의 디스크로 마운트하는 기능을 가진 소프트웨어다. 파일 I/O의 인터페이스로 S3의 파일에 액세스할 수 있다.

MT는 웹 페이지나 블로그로 만든 HTML 파일을 HTTP 서버의 도큐먼트 루트(/var/www/html)에 출력된다. 이 도큐먼트 루트에 S3FS를 이용하여 S3의 버킷을 마운트하면, MT에서 S3 상 HTML 파일에 직접 액세스할 수 있다.

해외에서 액세스가 많아지면

● Cache Distribution 패턴

부하 대책을 세워 사용자 액세스가 원활해지고 문제없이 액세스 수를 늘려갔다. 국내의 구름 팬 사이에서 유명해져 그 팬들을 통해 해외의 구름 팬들도 사이트를 방문하게 되었다. 그래서 마침내 유명 뉴스 사이트에 www.clouddesignpattern.org가 소개되었다.

그런데 여기서 하나의 문제가 발생했다. www.clouddesignpattern.org에서는 동영상이나 고화질 이미지 등 비교적 사이즈가 큰 콘텐츠를 배포하고 있는데, 국외에서의 액세스는 통신 거리가 길어져 성능이 극단적으로 나빠질 가능성이 있다. 모처럼 액세스 수가 많아지는 기회라 사이트의 평판을 떨어뜨리고 싶지 않았다. 그래서 이 문제를 해결하는 방법으로 Cache Distribution 패턴을 적용하기로 했다. Cache Distribution 패턴은 AWS 콘텐츠 배포 서비스인 「CloudFront」를 이용한다. CloudFront는 세계 각지에 있는 「에지 서버」라고 불리는 서버에 파일을 캐시해두고, 캐시에 히트한 파일을 바로 전해주는 서비스다. 배포 장소의 파일이 저장되어 있는 서버는 「오리진 서버」라고 불리고, 클라이언트는 에지 서버를 경유하여 오리진 서버에 액세스한다(그림 2-4).

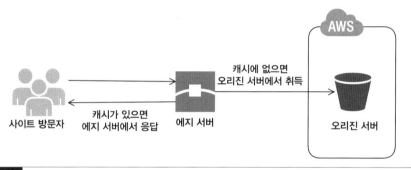

그림 2-4

또 클라이언트가 어떤 에지 서버에서 액세스했는지는 DNS로 액세스할 때 결정된다. 클라이언트에서 CloudFront의 DNS로 이름 변환을 할 때, 클라이언트의 IP 어드레스에서 클라이언트의 대략적인 지리적 위치를 파악하고 가장 가까운 에지 서버의 IP 어드레스를 전달하는 구조다. 이 구조에 따라 캐시 파일을 사용자와 가까운 장소에서 전달할 수 있다.

HTML 파일이나 이미지 파일을 배포하고 있는 「www.clouddesignpattern.org」와 동영상 파일을 배포하고 있는 「data.clouddesignpattern.org」가 있다. 이 두 곳에 대해 CloudFront를 설정한다. 설정 후에는 그림 2-5와 같은 시스템 구성이 된다.

Cache Distribution 패턴을 적용할 때의 순서는 다음과 같다.

(1) CloudFront의 에지 지역을 설정하고 S3 버킷을 오리진 서버로 설정한다.

(2) S3 버킷에 관해 설정했던 DNS 명을 CloudFront에 할당한다.

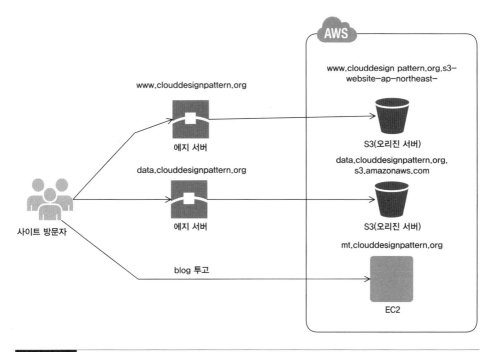

그림 2-5

캐시 데이터가 업데이트되지 않을 때

❯ Rename Distribution 패턴

Cache Distribution 패턴을 적용하여 뉴스 사이트에 소개되었을 때 대량의 액세스에 대해서도 빠른 응답을 줄 수 있었고, 사이트의 액세스 수는 점점 증가하고 있었다.

그러나 또 다른 문제가 발생하게 되었다. Cache Distribution을 사용해 캐시 배포를 하고 있었는데, 새로운 블로그 포스팅을 하거나 틀린 내용의 동영상을 올렸을 때 캐시 타임아웃까지 데이터가 갱신이 안 되는 상태가 되곤 했다. 캐시 타임아웃까지의 시간을 짧게 할 수 있지만, 동영상 파일 크기가 커서 캐시 타임아웃을 길게 해야 한다.

그래서 Rename Distribution 패턴을 적용하기로 했다.

Rename Distribution 패턴을 적용할 때의 순서는 다음과 같다.

(1) 갱신할 파일을 파일명을 변경하여 S3에 업로드한다.

(2) 변경 후 파일명에 대해 링크가 되도록 블로그의 HTML 파일을 수정한다.

Rename Distribution은 파일 명칭을 변경하고 새 파일로 등록하는 방법으로 캐시 타임
아웃까지 기다리지 않아도 파일 갱신을 할 수 있다. 블로그 페이지(HTML 파일)는 캐시되
지 않기 때문에 새 파일명으로 링크를 즉시 반영할 수 있다. 특히, 캐시 타임아웃까지 시간
이 긴 파일을 변경할 때 효과적이다.

그 외의 다른 문제와 적용 패턴

Storage Index 패턴

이번 시나리오에서는 S3에 올려둔 동영상 파일의 URL은 전부 MT 내(MySQL)에 저장되
어 있으므로 동영상에 관한 검색은 MT 기능을 이용할 수 있다. 검색 인덱스는 검색 성능
이 좋은 데이터 스토어를 이용하고 실제 데이터는 신뢰성이 높은 스토리지에 저장되어 있
기 때문에 이 구성은 이미 Storage Index 패턴이 적용되어 있는 것이다.

Write Proxy 패턴

동영상 파일 크기가 수십 기가바이트와 같이 큰 경우는 S3로 업로드 시 속도에 문제가 생
길 수 있다. 그럴 경우에 효과적인 방법이 Write Proxy 패턴이다. MT가 들어 있는 EC2
인스턴스 또는 업로드용 EC2 인스턴스를 가동하여 통신을 주고받는 프로그램을 가동한
다.

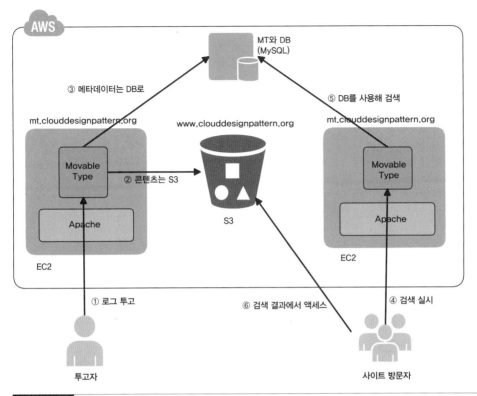

그림 2-6

예를 들어, 「Tsunami-UDP(http://tsunami-udp.cvs.sourceforge.net/tsunami-udp/
tsunami-udp/)」나 「Aspera(http://www.netmarks.co.jp/product/aspera/aspera.html)」
와 같은 소프트웨어를 사용한다.

Private Cache Distribution 패턴

이번 시나리오에서는 사이트로 로그인은 관리자 외에는 하지 않지만, 열람자에게 ID와 패
스워드를 발행하고 회원 전용 페이지를 보여주는 경우도 생각할 수 있다. HTML은 MT에
서 다이나믹 콘텐츠로 출력하면 되지만, 이미지나 동영상은 캐시(Cache Distribution 패턴)
를 이용해야 한다.

이런 경우에 Private Cache Distribution 패턴이 효과적이다.

S3에는 서명을 포함한 URL을 발급하여 액세스가 가능한 시간이나 액세스 장소를 제한하는 기능이 있다. 예를 들어, 회원 전용 동영상을 만들거나 할 때는 처음에 회원 전용 동영상을 올려둘 버킷을 만든다. 이 버킷은 data.clouddesignpattern.org와는 달리 전원이 액세스하지 못하도록 권한을 설정한다. 다음에 AWS의 SDK를 이용하여 S3에 액세스하기 위한 서명을 포함한 URL을 회원 페이지에 올려둠으로써 회원만이 동영상에 액세스할 수 있게 한다. 또한, CloudFront를 이용하여 전 세계로 빠른 배포를 해야 할 때는 Private Cache Distribution 패턴을 이용할 수 있다.

Direct Object Upload 패턴

이번에는 관리자만이 사이트를 갱신하는 시스템이었지만, 사이트 열람자가 자유롭게 게재 가능한 게시판이나 사진 공유 페이지 등을 만들어야 할 때는 Direct Object Upload 패턴이 효과적이다. 보통, MT 업로드는 EC2 등의 웹 서버(이 경우는 mt.clouddesignpattern.org)에 대해 이루어지지만, 업로드 장소에 S3의 URL을 지정하고 직접 S3 버킷에 이미지를 업로드할 수 있다. 사이트 열람자 게재 페이지의 POST 장소 URL을 S3로 변경하고 필요한 설정을 하면, 사이트 열람자가 직접 S3로 업로드할 수 있어서 EC2의 처리 부하를 줄일 수 있다.

2-2
전자상거래 사이트

구름의 이미지나 동영상 등을 보여주는 블로그 사이트 「www.clouddesignpattern.org」가 인기가 있어서 팬들을 위해 구름 관련 상품을 제작하였는데 의외로 반응이 좋았다. 그래서 구름 관련 상품을 취급하는 전자상거래 사이트인 「ec.clouddesignpattern.org」를 만들게 되었다.

사용한 소프트웨어는 다음과 같다. 전자상거래 사이트용 오픈 소스 소프트웨어인 「EC-CUBE」를 사용하기로 했다.

화면 2-2

- Amazon Linux(64비트)
- EC-CUBE 2.11.4
- Apache HTTP Server 2.2.21
- PHP 5.3.8
- MySQL 5.1.52

사이트 개설 초기에는 트래픽이나 데이터 양을 신경 쓰지 않아 필요한 소프트웨어를 모두 한 대의 EC2 인스턴스에 설치한다. 서버에는 고정 IP 어드레스(Elastic IP 어드레스, EIP)를 할당하고 있다.

「clouddesignpattern.org」에 서브 도메인을 만들고 「ec.clouddesignpattern.org」로 도메인 명을 정했다. clouddesignpattern.org는 이전 절에서 소개한 것처럼 기존 레지스트라(도메인 업체)를 통해 이용하고, 그 도메인 관리는 AWS의 「Route 53」을 사용하여 관리하고 있다. 서브 도메인 명은 「ec.clouddesignpattern.org」, 고정 IP 어드레스는 「46.51.xxx.xxx」로 했다. 이 고정 IP 어드레스는 전자상거래 사이트를 설치한 EC2 인스턴스에 할당했다.

EC2를 이용하여 전자상거래 사이트를 만들었기 때문에 백업이나 스케일 업은 간단하다. Snapshot 패턴이나 Scale Up 패턴을 적절하게 사용할 수 있다. 또한, 데이터 디스크 용량이 부족하면 Ondemand Disk 패턴을 이용해 필요한 만큼 디스크 크기를 늘릴 수 있다. 전자상거래 사이트의 인프라 부분을 작은 규모로 시작하여 필요에 따라 빠르게 스케일 업, 스케일 다운을 할 수 있는 것은 클라우드이기 때문에 가능하다고 할 수 있겠다.

이용 중인 소프트웨어 버전을 올리려고 할 때

❍ Floating IP 패턴

전자상거래 사이트를 개설하고 얼마의 시간이 지난 후에 이용하고 있는 소프트웨어 버전을 올려야 했다. 그러나 전자상거래 사이트의 서비스가 정지되지 않도록 가동 중의 서비스 환경에 직접 작업하는 것은 피해야 한다. 또한, 버전을 올릴 때 가능하면 단시간에 작업을 끝내야 한다.

그래서 서비스 환경과 같은 환경으로 별도의 EC2 인스턴스를 가동하고 그쪽을 테스트 환경으로 소프트웨어 버전을 올리는 것으로 했다. 버전을 올린 후 테스트 환경에서 충분한 테스트를 거친 후 테스트 환경과 서비스 환경을 바꾼다. 이런 경우에 Floating IP 패턴을 적용하면 효과적이다. 테스트 환경과 서비스 환경을 바꿀 때 서비스 환경의 EIP를 테스트 환경에 할당하면 된다(그림 2-7).

Floating IP 패턴을 적용할 때의 순서는 다음과 같다.

(1) 테스트 환경 서버를 준비한다.

(2) 서비스 환경에서 서버 이미지 AMI를 생성한다.

(3) (2)의 AMI로 테스트 환경으로 사용할 별도의 EC2 인스턴스를 가동한다.

(4) (3)의 테스트 환경에서 소프트웨어 버전을 올려 충분한 테스트를 한다.

(5) 서비스 환경에 할당되어 있는 EIP(고정 IP 어드레스)를 빼고 그 EIP를 테스트 환경에 할당한다.

이것으로 테스트 환경에 EIP(「46.51.xxx.xxx」)가 할당되었다. Route 53에 의해 「ec.clouddesignpattern.org」는 「46.51.xxx.xxx」로 이름 변환을 하지만, 테스트 환경 서버에 「46.51.xxx.xxx」이 할당되어 있어 「ec.clouddesignpattern.org」에 대한 액세스는 테스트 환경(새로운 서비스 환경)으로 라우팅되는 것이다. EIP를 바꿀 때 약간의 타임아웃이 발생하지만, 짧은 시간에 서버를 바꿀 수 있다.

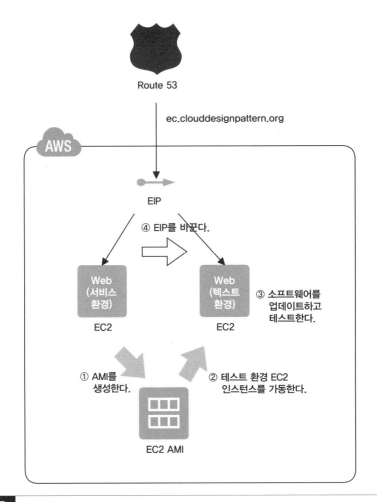

Route 53

ec.clouddesignpattern.org

AWS

EIP

④ EIP를 바꾼다.

Web
(서비스
환경)

EC2

Web
(테스트
환경)

EC2

③ 소프트웨어를
업데이트하고
테스트한다.

① AMI를
생성한다.

② 테스트 환경 EC2
인스턴스를 가동한다.

EC2 AMI

그림 2-7

서비스 장애 시 빨리 복구하려고 할 때

● Server Swapping 패턴

어느 날 전자상거래 사이트의 문의 페이지에 「사이트에서 상품 구입이 되지 않는다」라는
글이 올라왔다. 급하게 확인해보니 「ec.clouddesignpattern.org」가 정지 상태였다. 자

세한 사항은 모르겠지만 서버 자체가 어떤 원인으로 정지한 것 같다. 전자상거래 사이트가 정지되어 있다면 매출이 발생하지 않는다는 말이기 때문에 빨리 복구해야 한다. 그래서 Server Swapping 패턴을 적용하기로 했다.

Server Swapping 패턴은 장애가 발생한 서비스 환경 서버(최신 데이터가 저장되어 있음)에서 가상 디스크를 분리하여 시스템 부분이 같은 별도의 서버에 장착하여 시스템을 복구한다. 가상 디스크인 EBS 볼륨은 언제든 EC2 인스턴스와 분리할 수 있다. 그리고 분리한 EBS 볼륨을 다른 서버에 장착할 수 있다. Floating IP 패턴과 같이 사용하면 다른 서버로의 이름 변환도 빨리 할 수 있다.

Server Swapping 패턴을 적용할 때의 순서는 다음과 같다.

(1) 사전에 서비스 환경의 AMI를 생성해둔다.

(2) (1)의 AMI를 이용해 신규 EC2 인스턴스를 가동하고 장애 대비용 서버로 만든다.

(3) 서비스 환경의 EC2 인스턴스를 정지한다.

(4) 서비스 환경의 EBS 볼륨을 분리한다.

(5) EBS 볼륨을 장애 대비용 서버에 장착한다.

(6) 장애 대비용 서버에 EBS 볼륨을 마운트한다.

(7) 장애 대비용 서버에 최신 데이터를 사용할 수 있게 설정한다(최신 데이터가 필요한 부분만).

여기까지 작업을 하고 실제 「ec.clouddesignpattern.org」를 웹브라우저로 액세스해보면 최신 정보가 복원된 것을 확인할 수 있다. Server Swapping 패턴은 장애 발생 시 최신 데이터 볼륨만을 이전하고(이전에 만들어둔 서버 이미지를 이용했다) 서버 부분만 바꾼 것에 주목해야 한다. 이처럼 서버 부분이 스왑(swap)되어져 Server Swapping 패턴이라는 명칭이 붙었다.

또한, 이 패턴은 백업 데이터를 이용해 복원할 수도 있다. 또한, 시스템 영역과 데이터 영역을 다른 EBS로 분리하면 패턴 적용이 문제없이 되지만, 만약 시스템 영역과 데이터 영역을 나누지 않은 경우에도 시스템 영역이 포함된 EBS를 다른 인스턴스에 마운트하고 데이터 영역으로 심볼릭 링크를 걸면 패턴을 적용할 수 있다.

서비스 장애가 두 번 다시 발생하지 않게 하려면

● Multi-Server 패턴

Server Swapping 패턴을 이용하는 것으로 최소한의 다운타임으로 전자상거래 사이트를 복구할 수 있었다. 그러나 두 번 다시 장애로 서비스가 정지되는 것을 막기 위해 로그와 덤프를 분석하여 시스템을 조사했다. 그 결과, 애플리케이션 부분의 버그 때문에 부하가 많을 때 웹 서버에 장애가 일어난 것으로 확인되었다. 그래서 전체 시스템에 안전성을 높이기 위해 웹 서버에 Multi-Server 패턴을 적용하기로 했다.

Multi-Server 패턴은 서버에 장애가 발생할 것을 대비해 서버를 이중 구성으로 하여 로드 밸런싱으로 부하를 분산한다. 이렇게 해두면 한 대의 웹 서버에 장애가 발생해도 전체 시스템에는 영향 없이 서비스가 가능하다.

Multi-Server 패턴을 적용하려면 시스템 구성을 변경해야 한다. 지금까지 하나의 인스턴스에 모든 소프트웨어를 동작시켰지만, 웹 서버와 DB 서버를 분리하고 웹 서버 여러 대로 운영하는 구성으로 변경한다.

웹 서버와 DB 서버의 분리 작업

Multi-Server 패턴을 적용하기 위해서도 먼저 DB를 다른 EC2 인스턴스로 이전하고 웹 서버와 분리한다. 여기서부터 1인스턴스 구성에서 웹 서버와 DB 서버의 2인스턴스 구성으로 한다. 그렇게 되면 장애가 발생해도 문제에 대한 파악이 쉬워진다. 또한, DB 서버만 성능이 좋은 EC2 인스턴스를 이용할 수 있어 성능 개선과도 연결된다.

웹 서버 계층에 Multi-Server 패턴을 적용해보자. 여러 대의 웹 서버가 있어도 동일한 DB 서버를 이용하면 데이터의 일관성을 유지할 수 있다.

이번 환경에서는 DB 서버로 AWS의 「RDS」(MySQL)를 이용한다. RDS에는 다음과 같은 두 가지 장점이 있다. 첫 번째는 데이터베이스 관리 작업이 많지만 AWS에 의해 자동으로 처리된다. 서버 크기 변경도 가능하고, 하드웨어를 신경 쓰지 않고 서버의 처리 능력이나 스토리지 용량의 스케일 아웃 및 스케일 다운을 할 수 있다. 두 번째는 RDS의 Multi-AZ 기능을 이용하면 여러 곳의 데이터 센터에 이중화 구성을 할 수 있다. 따라서 한 곳의 데이터 센터에서 운용하는 것에 비해 높은 가용성을 구현할 수 있다.

RDS에서는 MySQL 데이터베이스의 기능을 전부 이용할 수 있다. 따라서 기존 MySQL 데이터베이스에 사용하고 있던 코드나 애플리케이션, 툴을 RDS와 문제없이 연동할 수 있다. 거기에 데이터베이스 소프트웨어에 대한 패치 적용과 데이터베이스 백업도 자동화가 가능하다. (RDS는 집필하고 있는 시점에 Oracle과 MySQL, SQL Server를 지원하고 있다. 향후 다른 데이터베이스 제품도 지원할 예정이다.)

AWS의 지역은 복수의 가용존(데이터 센터)으로 구성되어 있다. 보다 좋은 성능을 위해서는 DB 서버와 웹 서버를 같은 가용존에 두고 통신 거리를 가능하면 줄이는 것이 좋다. 또한, 웹 서버나 DB 서버를 여러 지역에 두게 되면 안전성을 높일 수 있다. 여러 존에 구성하게 되면 지연과 안전성 향상의 트레이드 오프를 생각하는 것이 된다. 통신 지연에 따른 성능 저하가 그 시스템에 있어서 문제가 되는지는 이 패턴을 적용할 때 검토해야 할 포인트다.

웹 서버와 DB 서버의 분리 작업의 순서는 다음과 같다.

(1) RDS를 가동한다.

(2) 전자상거래 사이트의 데이터베이스의 데이터를 덤프하고 덤프한 데이터를 가동시킨 RDS로 이동한다.

(3) 애플리케이션이 사용하는 데이터베이스 접속 설정을 새로 만든 RDS로 바꾼다.

(4) 웹 서버, DB 서버가 분리되어 가동되는 것을 확인하다.

여기까지 웹 서버와 DB 서버를 분리하였고, 이제부터는 Multi-Server 패턴을 적용한다 (그림 2-8).

Multi-Server 패턴을 적용할 때의 순서는 다음과 같다.

(1) 서비스 환경의 AMI를 만들고 이중화 구성용의 새로운 웹 서버를 가동한다.

(2) 가상 로드 밸런서인 ELB를 가동하고 서비스 환경 서버를 ELB 아래에 넣는다.

(3) ELB 아래에 서비스 환경 서버와 이중화 구성용 웹 서버를 배치한다.

고려할 사항은 SSL의 처리다. 전자상거래 사이트에서는 회원등록 화면 등이 필요하며, 그런 화면은 암호화를 하는 것이 바람직하다. 가상 로드 밸런서 ELB로 SSL 처리를 실행할수 있고 로드 밸런서는 처리하지 않고 서버에서 처리하게 할 수도 있다.

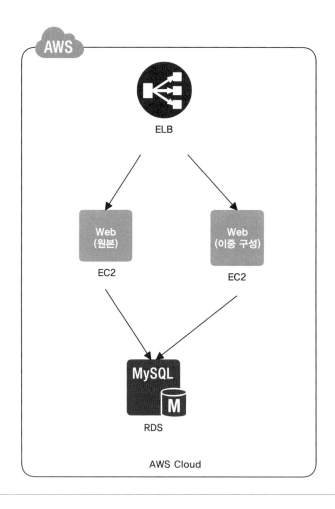

그림 2-8

여기서는 ELB에서 SSL 처리를 하지 않고 웹 서버에서 SSL 처리를 하는 것으로 했다.

여기까지 검토를 거듭한 결과, ELB 아래에 웹 서버 두 대(실제로는 EC2 인스턴스)를 놓고 이 웹 서버들이 RDS DB 인스턴스로 액세스하는 구성이 되었다. ELB의 주소명(eccube-xxxxxxxxxxx.ap-northeast-1.elb.amazonaws.com과 같이 된다)을 이용하여 사이트에 액세스해본다.

정상적으로 동작하는 것이 확인되면 Route 53으로 「ec.clouddesignpattern.org」에서 EIP에 대해 이름 변환을 하던 것을 「ec.clouddesignpattern.org」에서 ELB 주소명으로 이름 변환이 되도록 바꾼다.

실제 운용에서는 (기존과 같이) 수작업으로 이중화 구성용 서버를 추가하고, 만약 장애가 발생했을 경우에 또 한 대의 서버를 추가해가는 방법도 좋다. 또한, AWS에는 Auto Scaling이라는 기능이 있어 이 기능을 이용하면 ELB 아래에 설정한 대수만큼 항상 정상적인 서버를 가동시킬 수 있다. 예를 들어, 두 대라고 설정해두면 한 대의 서버에 장애가 나도 자동으로 한 대의 서버가 특정한 AMI에서 가동시킬 수 있다. 이렇게 해두면 더욱더 운용에 대한 수고를 줄일 수 있다.

데이터베이스 장애 시에도 서비스를 계속하려고 한다면

● DB Replication 패턴

Multi-Server 패턴을 적용하면 웹 서버는 이중화 구성을 할 수 있었다. 그러나 시스템 전체를 생각할 때 웹 서버만으로는 부족하여 다음으로 생각해야 하는 것이 DB 서버의 안전성을 높이는 것이다. 그래서 DB Replication 패턴을 적용하기로 했다. 시스템 구성은 그림 2-9와 같다.

DB Replicaiton 패턴으로 데이터 손실을 막고 데이터의 가용성을 보장할 수 있다. 그러나 운용 담당자의 인원 수를 늘릴 수는 없기 때문에 이번에는 RDS의 멀티 가용존 기능을 이용해 DB Replication을 구현하고 운용에 대한 수고를 최대한 줄이기로 했다.

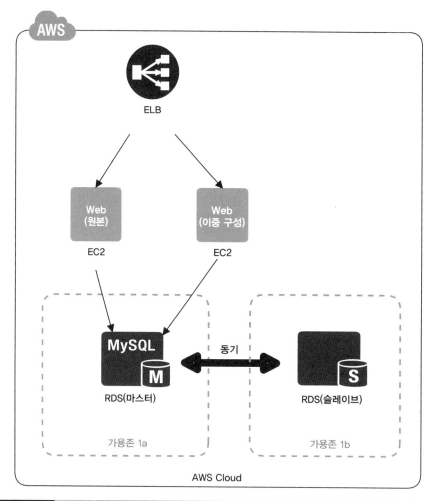

ELB

Web
(원본)

Web
(이중 구성)

EC2

EC2

MySQL
M

동기

S

RDS(마스터)

RDS(슬레이브)

가용존 1a

가용존 1b

AWS Cloud

그림 2-9

DB Replication 패턴을 적용할 때의 순서는 다음과 같다.

(1) RDS의 경우 멀티 가용존 구성으로 바꾼다. (콘솔의 「Multi-AZ Deployment」에서 멀티 가용존을 선택한다.)

(2) (1)의 설정에 따라 RDS 레플리카가 다른 데이터 센터에 만들어지고 데이터베이스의 가용성이 대폭 향상된다.

Multi-AZ Deployment를 이용하면 RDS는 슬레이브 DB를 만들고, 마스터 DB와의 사이에서 동기 리플리케이션을 자동적으로 실행한다. 애플리케이션이 이용하는 것은 마스터 DB이고, 만약 마스터 DB가 정지하면 RDS가 슬레이브 DB를 마스터 DB로 바꾼다. 장애가 발생해도 애플리케이션의 설정을 바꾸지 않아도 자동적으로 데이터베이스가 변경되어 운용을 계속 할 수 있다. 또한, DB 백업은 슬레이브 DB를 이용하기 때문에 백업 중에도 다운타임이 발생하지 않는다.

정전이나 지진을 대비하자

○ Multi-Datacenter 패턴

여기까지 검토를 거듭하여 시스템으로는 웹 서버도, DB 서버도 SPOF가 아닌 구성으로 만들 수 있었다. 이것으로 충분하다고 생각했지만, 만일의 경우도 생각해둬야 한다. 지진이나 정전, 네트워크 장애 등의 대비다.

Multi-Server 패턴에서는 단일 서버에서의 문제에 대처하기 위해 서버를 이중화로 구성하여 로드 밸런서로 부하를 분산했다. 그러나 같은 데이터 센터 안에서 여러 대의 서버를 구축했기 때문에 정전이나 지진, 네트워크 장애 등 데이터 센터에 장애가 발생한 경우에는 대응이 불가능하다. 그래서 Multi-Datacenter 패턴을 적용하기로 했다.

Multi-Datacenter 패턴은 여러 곳의 데이터 센터를 이용해 이중화 구성을 하는 패턴이다. 지금까지는 충분히 거리가 떨어진 데이터 센터를 확보하는 데 비용이 들고 준비하는 데도 시간이 걸렸다.

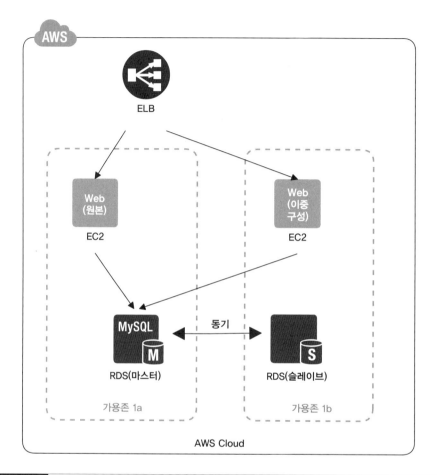

그림 2-10

벌써 DB 서버는 RDS의 멀티 가용존을 이용하여 여러 곳의 데이터 센터를 이용한 이중
화 구성이 되어 있다. 다음은 웹 서버를 여러 곳의 데이터 센터에 분산시켜 가동하면 된다.
AWS의 ELB는 다른 데이터 센터에서 가동하고 있는 EC2 인스턴스에 대해서도 간단하게
부하분산이 가능하다.

Multi-Datacenter 패턴을 적용할 때의 순서는 다음과 같다.

(1) 만들어둔 AMI에서 EC2 인스턴스를 가동하고 웹 서버로 지정한다. 이런 경우는 이용 중의 데이터 센터와는 다른 데이터 센터(즉, 가용존)에 서버를 만든다.

(2) 만든 웹 서버를 ELB 아래로 추가한다. 이것으로 ELB 아래에 다른 데이터 센터에 존재하는 웹 서버를 추가할 수 있었다.

각 웹 서버에 다른 이미지를 저장해두면(예를 들어, 메인 페이지 이미지 등) 어떤 웹 서버에 액세스했는지를 알 수 있다. 또한, 부하분산을 하고 있는지, 어떤 데이터 센터를 이용하고 있는지에 대한 확인이 가능하다. 그러나 여러 곳의 데이터 센터 구성으로 하는 경우에는 같은 클라이언트에서의 액세스는 같은 데이터 센터만을 이용할 가능성이 높기 때문에 확인 방법에 대해서는 생각해봐야 한다.

게다가 어떤 데이터 센터에서 장애가 발생하여 서버 가동이 중지되어도 시스템 전체가 가동 중인지 아닌지를 확인하기 위해서 Multi-Server 패턴에서 실행한 것과 같이 의도적으로 서버를 중지시켜 보는 것이 좋다. RDS의 경우는 강제적으로 페일오버도 가능하다.

그 외의 다른 문제와 적용 패턴

Deep Health Check 패턴
ELB에서는 상태 확인 기능이 있어 장애가 발생한 경우 서비스가 불가능한 EC2 인스턴스를 자동으로 분리할 수 있다. 그러나 웹 서버보다 아래 단에 있는 서버(예를 들어, DB 서버)에 장애가 발생한 경우는 당연히 서비스는 정지되기 때문에 그 경우에도 ELB에서 분리되도록 해야 한다. 그래서 Deep Health Check 패턴을 적용하기로 했다.

ELB의 상태 확인 기능은 HTTP 통신을 이용하기 때문에 확인이 필요한 장소에 동적 페이지를 만들어둘 수 있다. 그 페이지를 이용하여 웹 서버보다 아래 단에 있는 서버의 동작을 확인하고 응답을 보내도록 해둔다. 그렇게 하면 ELB 바로 아래에 있는 EC2 인스턴스의 장애뿐 아니라 그 아래의 SPOF로 되어 있는 서버나 DB에 이상이 발생해도 ELB에서 분리할 수 있게 된다.

Stack Deployment 패턴

현재 운용 중인 전자상거래 사이트의 추가 개발이 필요하다면 당연히 개발 환경을 준비해야 한다. 여러 곳의 개발 회사에 개발을 의뢰했다면 개발 환경은 여러 대 필요하게 된다. 그래서 Stack Deployment 패턴을 사용하기로 했다.

운용 중인 시스템의 CloudFormation 템플릿을 준비하여 필요할 때 같은 시스템을 얼마든지 원 클릭으로 만들 수 있다. 개발 환경이 불필요하게 될 경우에도 원 클릭으로 삭제할 수 있어 운용 효율이 높고 관리 비용이 줄어든다.

Weighted Transition 패턴

현재 운용 중인 애플리케이션의 업데이트나 교체가 필요할 경우, 여러 대의 EC2 인스턴스를 이용해 호스팅하고 있다면 수고와 시간이 필요하다. 평상시에는 차례차례 한 대씩 업데이트하는 형식으로 할 수 있지만, 시간이 걸리고 관리에도 손이 많이 간다. 그럴 때는 Weighted Transition 패턴을 이용할 수 있다. 예를 들어, 똑같은 시스템 구성을 복제하여 업데이트를 한 번에 한다. 그리고 조금씩 복제한 시스템에 트래픽을 보낼 수 있다.

2-3
이벤트 사이트

이전 절에서 구름 관련 사진 등의 상품을 취급하는 전자상거래 사이트인 「ec.cloud designpattern.org」를 만들었다. 그 사이트에서 판매하는 상품이 인기를 모았기 때문에 판매 촉진을 위해 이벤트 사이트인 「campaign.clouddesignpattern.org」를 개설하기로 했다(화면 2-3).

이벤트 사이트에서는 광고나 TV 방송 등으로 소개되는 경우도 있어 단시간에 많은 액세스가 발생하여 시스템 부하가 높아지는 일을 예상할 수 있다. 급격한 액세스 증감에 견딜 수 있는 동적인 사이트를 만들 수 있는 디자인 패턴 중심으로 적용한다.

화면 2-3

이벤트 사이트를 구축하기 위해 오픈 소스 소프트웨어인 「워드프레스」를 사용하기로 했다. 그 이외 사용하는 소프트웨어는 아래와 같다.

- Amazon Linux(32비트)
- 워드프레스 3.3.1
- Apache HTTP Server 2.2.21
- MySQL 5.1.52
- PHP 5.3.8

사이트 개설 초기에는 트래픽이나 데이터 양을 신경 쓸 필요가 없기 때문에 필요한 소프트웨어를 모두 한 대의 EC2 인스턴스에 설치한다. 서버에는 고정 IP 어드레스(Elastic IP 어드레스)를 할당했다. EC 사이트와 같이 도메인 관리는 AWS의 Route 53을 사용해 관리하고 있다. 서브 도메인인 「campaign.clouddesignpattern.org」를 만들고 고정 IP 어드레스로 이름 변환을 한다.

텔레비전에 소개되어 액세스가 급증할 때

○ Clone Server 패턴/Scale Out 패턴

텔레비전에 이벤트 페이지 상품이 소개되는 것으로 결정되었다. 기쁜 일이긴 하지만 소개 후 액세스가 얼마나 될지 예상하기가 어렵다. 액세스가 급증해도 사이트가 정상적으로 가동하기 위해 Scale Up으로 대응할 수 있겠지만, 여기서는 Scale Up으로 견디지 못할 정도의 부하 처리를 고려하여 서버를 스케일 아웃시키는 것을 생각하고 있다(Scale Out 패턴 참조).

그러나 이번 이벤트 사이트의 서버는 원래 부하분산을 전제로 생각했던 구조가 아니었기 때문에 그런 조건에서도 손쉽게 스케일 아웃이 가능한 Clone Server 패턴을 적용하기로 했다. 스케일 아웃을 위해 AMI를 만든다(그림 2-11).

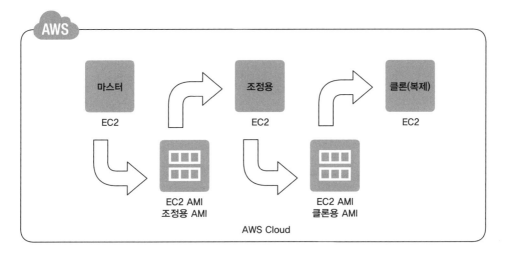

그림 2-11

Clone Server 패턴을 적용할 때의 순서는 다음과 같다.

(1) 마스터 서버를 복제할 수 있게 클론용 AMI를 만들어둔다. 구체적으로, 기존 시스템에서 AMI를 만들고 거기에서 가동한 EC2를 클론용으로 조정하고, 다시 클론용 AMI로 만든다.

(1-1) 클론 서버는 rsync를 이용해 마스터 서버에서 정기적으로 콘텐츠를 동기화한다.

(1-2) 클론 서버는 마스터 서버의 데이터베이스(MySQL)에 액세스한다.

(2) 마스터가 되는 EC2도 클론 EC2를 이용할 수 있게 조정해둔다. (MySQL이나 rsync의 설정 등)

이번 경우에는 워드프레스가 스테이트리스한(클라이언트 상태를 서버에서 관리하지 않는) 설계로 되어 있어 Clone Server 패턴을 문제없이 적용할 수 있었다. Scale Out 같은 패턴을 적용할 때는 스테이트리스라는 것이 중요하다. 또한, 이번에는 세션 관리에 대해 고려할 필요가 없어서 Clone Server 패턴 적용이 더 쉬웠다.

클론용 AMI를 완성했고, 다음은 실제로 액세스나 부하에 따른 클론 EC2의 스케일 아웃을 해보겠다. 결국, Scale Out 패턴을 적용하는 것이다(그림 2-12).

Scale Out 패턴을 적용할 때의 순서는 다음과 같다.

(1) ELB를 준비하고 웹 사이트는 ELB를 경유하여 EC2 인스턴스에 액세스할 수 있도록 해둔다.

(2) 클론용 AMI를 이용하여 실제 스케일 아웃을 한다.

스케일 아웃의 타이밍은 텔레비전에 소개되는 시간이 결정되어 수동으로 대응할 수 있다고 생각했지만, 예상처럼 진행된다는 보장은 없다. 그래서 자동으로 대응할 수 없는 경우도 예상해둔다.

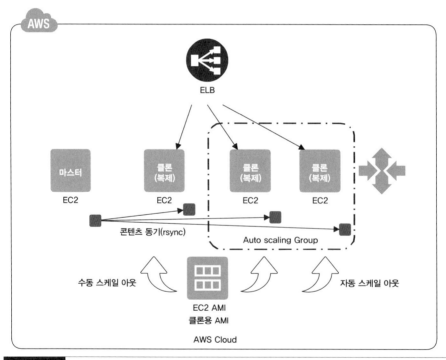

그림 2-12

수동의 스케일 아웃은 단순히 클론용 AMI에서 EC2 인스턴스를 가동하고 ELB에 추가할 수 있다. 자동의 스케일 아웃도 AWS 기능인 Auto Scaling을 이용하는 것으로 비교적 손쉽게 구현이 가능하다. 또한, 스케일 아웃은 여러 곳의 데이터 센터(Availability Zone)를 이용해 구현하게 되면 안전성도 동시에 높일 수 있다. (자세한 것은 Multi-Datacenter 패턴 참조) 이것으로 웹 서버의 스케일 아웃이 가능하지만, 주의할 점은 EC2가 SPOF가 되어버리는 것이다.

동기적으로 데이터 업데이트를 하려고 할 때

◐ NFS Sharing 패턴

텔레비전에 소개되어 액세스가 급증했지만 스케일 아웃 구성으로 견딜 수 있었다. 그렇지만 이 스케일 아웃 구성은 데이터 갱신을 생각한 구성이 아니다. 지금까지는 액세스 양에 대한 대응을 우선시했지만, 지금부터는 이벤트 사이트 내용을 갱신해야 한다. 게다가 텔레비전에 소개되고 어느 정도 시간이 지나도 가끔 액세스가 급증할 때가 있다. 스케일 아웃이 가능하면서 사이트의 갱신도 해야만 한다.

Clone Server 패턴에서는 마스터 EC2에서 클론 EC2로 단방향 동기가 이루어진다. 만약 서버에 파일을 업데이트하는 기능이 있다면 대상이 되는 클론 EC2에만 업데이트된다. rsync에서의 동기는 실시간 동기가 아니기 때문에 실시간으로 동기가 필요한(빈번하게 변경이 일어나고 그때마다 갱신이 필요한) 콘텐츠에는 부적합하다. 이 문제를 해결하기 위해 NFS Sharing 패턴을 이용한다(그림 2-13).

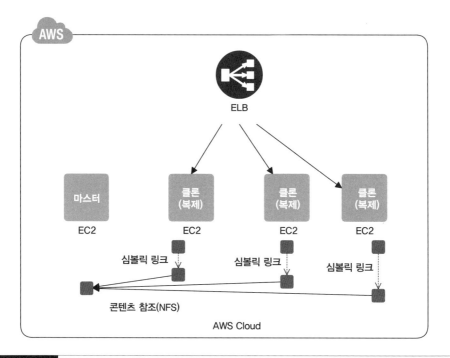

그림 2-13

NFS Sharing 패턴을 적용할 때의 순서는 다음과 같다.

(1) NFS 소프트웨어를 도입하고 마스터 EC2의 콘텐츠가 저장되어 있는 디렉터리에 클론 EC2가 마운트할 수 있게 설정한다.

(2) 클론 EC2에서 현재까지의 콘텐츠가 저장되어 있는 디렉터리를 NFS로 마운트한 디렉터리에 심볼릭 링크를 설정한다.

이런 경우에 NFS를 이용하게 되면 마스터 EC2와 클론 EC2를 실시간 및 양방향으로 동기화 구현이 가능하다. 그러나 클론 EC2에서의 콘텐츠 액세스는 마스터 EC2의 콘텐츠에 네트워크를 통해 액세스하기 때문에 성능은 저하된다. 이런 트레이드 오프(trade off)를 고려해야 한다.

액세스가 증가해도 문제없는 데이터 동기

◉ NFS Replica 패턴

NFS Sharing 패턴을 이용하여 스케일 아웃이 가능한 상태를 유지하면서 사이트 갱신도 할 수 있게 되었다. 그러나 더욱더 액세스 수가 증가하여 NFS Sharing 패턴의 성능 문제를 무시할 수 없게 되었다. 이 문제를 해결하기 위해 NFS Replica 패턴을 적용하기로 했다(그림 2-14).

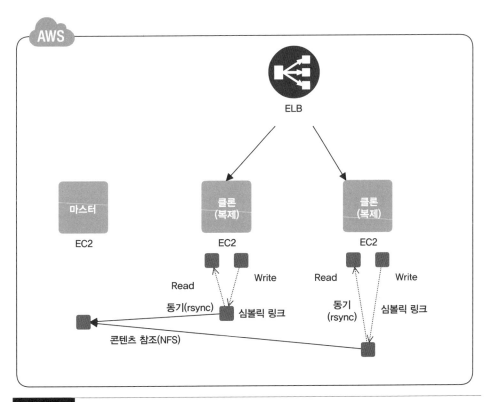

그림 2-14

NFS Replica 패턴을 적용할 때의 순서는 다음과 같다.

(1) 마스터 EC2와 클론 EC2를 쌍방향으로 동기가 필요한 디렉터리는 사전에 NFS로 마운트(NFS Sharing)한 디렉터리를 이용하여 거기에 심볼릭 링크를 걸어둔다.

(2) 그 이외의 부분은 rsync를 이용해 NFS로 마운트한 곳에서 로컬 파일 시스템으로 정기적으로 복사한다. (단, 심볼릭 링크를 걸었던 부분은 제외한다.)

클론 EC2에서 NFS 상의 콘텐츠를 로컬 파일 시스템에 rsync로 정기적으로 동기화하고, 콘텐츠의 참조를 다시 로컬 액세스로 돌려 성능을 높일 수 있다. 또한, 실시간으로 동기가 필요한 부분은 심볼릭 링크를 이용해 직접 NFS에 액세스하게 하여 파일 업로드 등에도 대응할 수 있다.

DB 서버의 성능 저하 문제를 해결

● Read Replica 패턴

Scale Out 패턴으로 웹 서버에 급격한 액세스 증가에 대해 대응을 할 수 있었지만, 부하로 인해 DB 서버의 성능 저하가 발생하게 되었다. DB 서버의 부하 대책으로 Read Replica 패턴을 적용하기로 했다(그림 2-15).

Read Replica 패턴을 적용할 때의 순서는 다음과 같다.

(1) 마스터 EC2로 운영되고 있는 MySQL을 RDS로 이전한다.

(2) 이전한 RDS에서 리드 레플리카 기능을 이용하여 읽기전용 MySQL을 만든다.

(3) 워드프레스의 HyperDB 플러그인을 도입하고, 데이터 읽기(SELECT문)는 읽기전용 MySQL로 처리하도록 하여 부하분산하도록 조정한다.

워드프레스에는 HyperDB라는 플러그인이 있어 그 플러그인을 도입하면 읽기전용 데이터베이스(MySQL)로의 부하분산이 가능하게 된다.

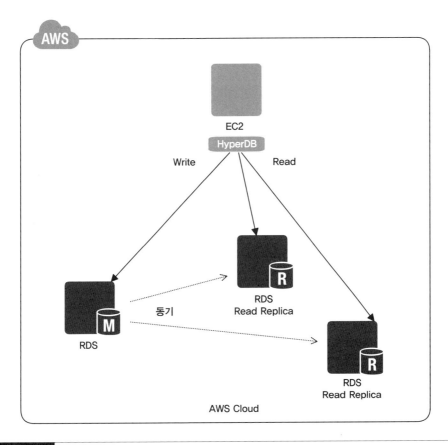

그림 2-15

그리고 읽기전용 MySQL에 RDS의 리드 레플리카 기능을 이용하여 이 구성도 어렵지 않게 준비할 수 있었다.

정적 콘텐츠에 대한 액세스를 효과적으로 처리하자

● URL Rewriting 패턴

Scale Out 패턴을 이용하여 액세스 부하에 따라 웹 서버가 스케일 아웃이 가능하게 되었다. 그러나 거의 모든 액세스가 정적 콘텐츠(CSS/자바스크립트/이미지)에 대한 액세스라는 것을 생각하면 Web Storage 패턴을 적용하고 인터넷 스토리지를 이용하는 것이 적당하다.

그래서 S3에 정적 콘텐츠를 호스팅하는 Web Storage 패턴을 더욱 진화시킨 URL Rewriting 패턴을 이용한다(그림 2-16).

URL Rewriting 패턴을 적용할 때의 순서는 다음과 같다.

(1) 정적 콘텐츠를 저장하는 S3 버킷을 준비한다.

(2) 마스터 EC2에 정적 콘텐츠를 S3 버킷에 업로드(동기)한다.

(3) 아파치의 모듈(mod_ext_filter) 등을 이용하여 HTML 안의 정적 콘텐츠 URL을 S3의 정적 콘텐츠 URL로 바꾼다.

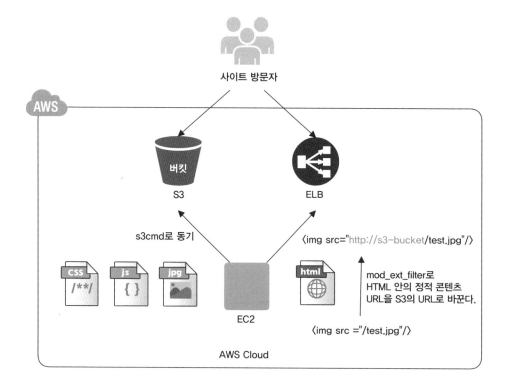

그림 2-16

아파치에는 mod_ext_filter라는 모듈이 있어 그것을 이용하면 HTML 안의 문자열(URL)을 동적으로 변경(치환)할 수 있다. HTML 안의 정적 콘텐츠(CSS/자바스크립트/이미지)의 URL을 S3의 URL로 변경하여 기존 콘텐츠를 수정하지 않고 해당 콘텐츠의 액세스를 S3로 분산시킬 수 있다.

단점으로는 정적 콘텐츠를 배포하는 URL의 도메인 명이 동적 콘텐츠를 배포하는 URL의 도메인 명과 달라지는 점이다.

그 외의 다른 문제와 적용 패턴

Ondemand Disk 패턴

NFS Replica 패턴으로 파일의 읽기를 네트워크 파일 시스템에서 로컬 파일 시스템으로 함으로써 성능 개선을 했다. 더 많은 성능 개선을 위해 로컬 파일 시스템을 이용하고 있는 스토리지를 RAID(스트라이핑)로 구성할 수도 있다.

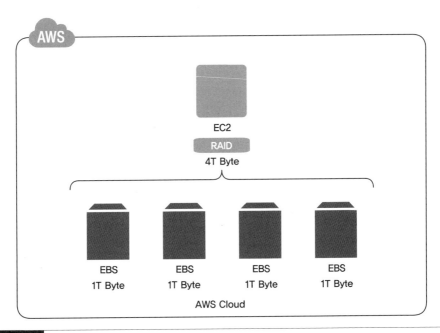

그림 2-17

EC2의 로컬 디스크인 이페머럴 디스크(ephemeral disk)에 대해서도 RAID(스트라이핑)를 적용할 수 있어 일시적인 파일 저장 용도로 적합하다. 또한, EBS나 이페머럴 디스크만으로는 용량에 대한 상한선이 있어 RAID를 이용하여 보다 많은 디스크 볼륨을 만들 수 있다(그림 2–17).

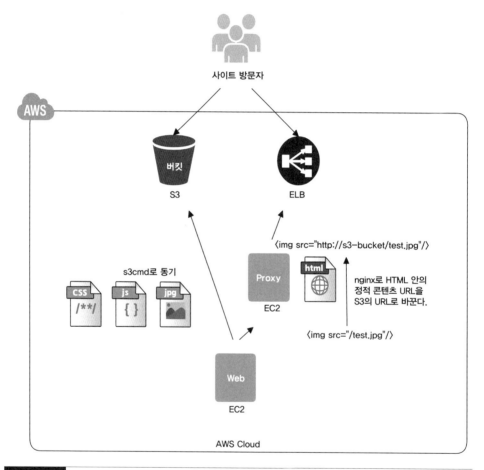

그림 2–18

Rewrite Proxy 패턴

이번 시나리오에서는 웹 서버(아파치) 모듈(mod_ext_filter)로 URL을 바꿨지만, nginx 등을 사용한 상단의 프락시 서버로 URL을 변경할 수도 있다. 이 경우는 URL Rewriting 패턴으로 원본이 되는 서버를 변경하지 않고 정적 콘텐츠에 대한 액세스를 분산할 수 있다 (그림 2-18).

Cache Proxy 패턴

URL Rewriting 패턴이나 Rewrite Proxy 패턴을 이용해 정적 콘텐츠의 액세스를 S3로 분산하면, 정적 콘텐츠의 DNS 명이 HTML을 전달하는 DNS 명과 달라진다. Ajax 등의 크로스 도메인에 따른 제약(이 경우는 JSON 데이터의 읽기) 등 정적 콘텐츠도 같은 DNS 명으로 액세스가 가능해야만 하는 경우가 많은데, 그럴 때는 Cache Proxy 패턴이 적합하다. 웹 서버의 상단에 캐시 서버를 배치하여 같은 DNS 명으로 정적 파일만을 캐시하여 웹 서버에 부하를 주지 않고 배포가 가능하다(그림 2-19).

Web Storage Archive 패턴

부하에 맞춰 EC2를 추가하고 삭제하는 구조를 도입하게 되면, EC2 인스턴스를 터미네이트할 때는 사전에 필요한 로그를 별도로 저장해둬야 해서 운용상 번거로운 면이 있다.

게다가 Auto Scaling으로 EC2의 추가와 삭제를 제어하는 경우에는 수동으로 로그를 저장할 수 없게 된다. 이런 경우는 로그 로테이션의 타이밍에 로그를 S3에 저장(아카이브)하는 구조가 적합하다. 디스크 용량을 늘리기 어려운 EC2 상의 로그는 단기간으로 로그 로테이션시키고, 용량 제한이 없는 S3 상에 저장된 로그는 장기간으로 로그 로테이션하게 하여 운용 효율을 높일 수 있다. 또한, S3의 높은 안전성은 로그의 장기 보관 장소로도 적합하다고 할 수 있다(그림 2-20).

Scheduled Autoscaling 패턴

Web Storage Archive 패턴으로 웹 서버의 액세스 로그를 S3에 보관할 때는 그 S3 상의 액세스 로그를 분석해야 하는 경우도 생긴다.

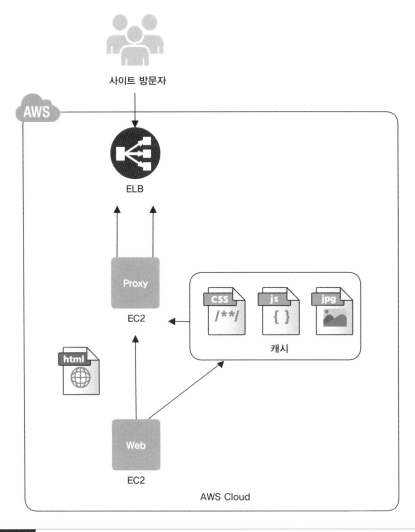

사이트 방문자

ELB

Proxy

EC2

html

캐시

CSS
/**/

js
{ }

jpg

Web

EC2

AWS Cloud

그림 2-19

액세스 로그 분석은 정기적으로 해당 S3 상의 로그를 EC2에 다운로드하여 EC2 상의 분석 소프트웨어를 이용하지만, 그런 용도로 EC2를 가동해둔다는 것은 비효율적이다.

그래서 지정한 시각에 EC2를 가동하는 Auto Scaling 기능에 주목한다. 평상시에는 0대로 설정을 하고 지정한 시각에는 한 대만 가동한다. 그렇게 하면 정해진 시각에 EC2가 가동하고 S3에서 해당 로그를 다운로드하여 액세스 분석을 하게 된다. 그 결과를 S3에 업로드하고 EC2를 삭제한다. 액세스 분석 시에만 EC2가 가동하기 때문에 높은 비용 효율을 구현할 수 있다(그림 2-21).

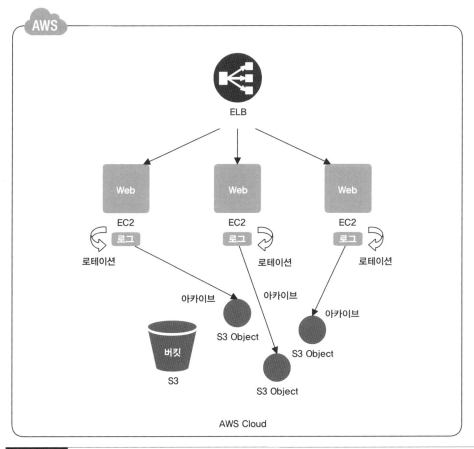

그림 2-20

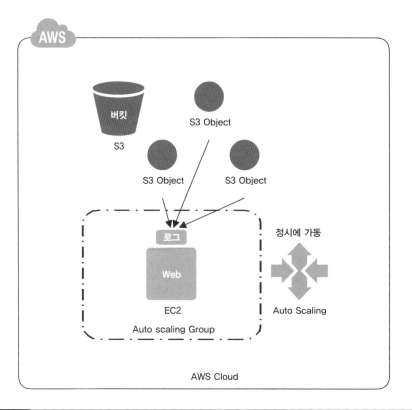

그림 2-21

APPENDIX

부록

부록 1
기본 용어 해설

패턴 해설에 나오는 용어 중에서 클라우드 컴포넌트 외의 기본적인 용어에 대해 간단하게 설명한다.

Application Server(애플리케이션 서버)

웹 애플리케이션을 동작시키기 위한 서버. 애플리케이션 서버 위에는 PHP나 자바, 루비, C# 등의 프로그램 언어로 구현된 애플리케이션을 배치하고, 클라이언트에서의 통신에 따라 처리를 하고 결과를 반환한다. 그 결과는 동적인 콘텐츠(통신해온 클라이언트나 DB의 데이터 등에 따라 내용에 변화가 있는 콘텐츠)가 많다. 아파치에 PHP나 루비를 동작시키기 위한 환경을 만들어 애플리케이션 서버로 하거나 Tomcat이나 JBoss 등을 이용한다.

Cache Server(캐시 서버)

웹 서버나 애플리케이션 서버에서 배포되는 콘텐츠를 캐시해두고 클라이언트 요청에 대해 대신하여 콘텐츠를 반환하는 서버. 예를 들어, 한 시간에 한 번밖에 데이터가 변경되지 않는 콘텐츠의 경우, 그 원본 데이터를 가지고 애플리케이션 서버에서 생성된 콘텐츠를 캐시 서버에 올려두면 클라이언트 요청에 대해 캐시 서버에서 생성된 콘텐츠를 반환한다. 그러므로 응답이 빨라지고 애플리케이션 서버의 부하를 줄일 수 있다. 또한, 캐시 서버를 캐시 원본이 되는 서버(오리진 서버)에서 지리적으로 떨어진 곳에 배치하면, 오리진 서버에서 거리가 먼 클라이언트에 대한 응답을 빠르게 할 수 있다. 제품으로는 Vernish 등이 있다.

DR(Disaster Recovery)

지진이나 홍수 등의 자연 재해에 의해 시스템이 손상되어 사용할 수 없게 되었을 때 별도로 준비해둔 시스템을 이용해 업무를 복구하고 연속성을 유지하는 것. DR을 목적으로 한 백업 시스템을 DR 시스템이라 부르고, DR 시스템을 배치해둔 장소를 DR 사이트라고 부르기도 한다.

HTTP Session(HTTP 세션)

웹 서버나 애플리케이션 서버에 액세스하는 사용자 고유의 상태(스테이트)를 유지하기 위한 구조. 보통 웹 서버나 애플리케이션 서버는 어떤 사용자가 액세스하는지 알 수 없다. 그래서 이런 구조라면, 예를 들어 EC 사이트에서 자주 사용되는 장바구니와 같은 기능은 구현이 불가능하다. HTTP 세션은 이런 상황에서 사용하는 기술로서 사용자별로 세션을 유지하는 ID(세션 ID)를 발행하고, 그 ID를 쿠키에 넣게 되면 통신마다 세션 ID가 보내지기 때문에 세션 ID를 키로 하여 사용자별 상태를 유지할 수 있다. 또한, 그 사용자 고유의 상태 정보를 웹 서버나 애플리케이션 서버가 유지하고 있는 것을 「스테이트풀」이라고 하고, 유지하지 않는 것을 「스테이트리스」라고 한다.

JSON(JavaScript Object Notation)

키 항목과 그 값의 페어로 정의된 데이터 형식. 단순한 형식이지만 계층 구조의 표현이 가능하고 많은 프로그램에서 쉽게 파스(parse)할 수 있어 경량의 데이터 형식으로 사용되고 있다. 이름에 자바스크립트가 들어가 있긴 하지만, 특별히 자바스크립트에서만 사용을 제한하는 것은 아니다.

```
{
    "value": "hoge"
    "array": ["foo", "bar"]
    "object": {
        "value": "hom"
    }
}
```

예 간단한 JSON 데이터

JSONP(JSON Padding)

브라우저에 자바스크립트를 읽어들인 script 태그는 src 속성에 기록한 임의의 URL에서 자바스크립트 파일을 다운로드할 수 있다. 자바스크립트 파일은 script 태그에 적혀 있는 HTML과는 다른 도메인에서도 읽어들일 수 있는데, 이 특성을 이용하여 도메인 간의 통신(크로스 도메인)을 하는 기술을 JSONP이라고 한다. JSONP을 이용하면 여러 서버와 통신할 수 있어서 HTML 다운로드 서버를 통하지 않고 클라이언트에서 직접 다른 서버로 데이터를 받으러 갈 수 있다.

NAT(Network Address Translation)

프라이빗 네트워크 내의 서버에서 퍼블릭 네트워크에 있는 서버에 액세스할 때 프라이빗 네트워크로 통신하는 IP 어드레스와 퍼블릭 네트워크로 통신하는 IP 어드레스를 상호 변환하는 것으로, 퍼블릭 네트워크의 IP 어드레스 하나로 여러 개의 프라이빗 IP 어드레스에서의 통신을 가능하게 하는 기술. NAT를 하기 위해서는 일반적으로 라우터나 NAT용 가상 서버를 네트워크에 배치하고, 프라이빗 네트워크 내의 서버는 이를 통하여 퍼블릭 네트워크와 통신을 한다.

NFS(Network File System)

네트워크를 통해 파일을 공유하기 위한 시스템. 공유 파일을 배치하는 NFS 서버와 액세스하는 NFS 클라이언트로 구성된다. 여러 대의 NFS 클라이언트에서 한 대의 NFS 서버에 액세스할 수 있으므로 여러 대의 클라이언트에서 파일을 공유할 수 있다.

Proxy/Reverse Proxy(프락시/리버스 프락시)

조직이나 기업의 네트워크에서 외부 네트워크에 접속할 경우, 클라이언트를 대신하여 외부와 통신하는 서버를 프락시라고 한다. 이것과 반대로, 외부에서 들어오는 통신을 받아 내부의 다른 서버를 대신하여 액세스하는 서버를 리버스 프락시라고 한다. 두 경우 모두 접속 장소의 정보를 감추거나 통신 내용을 체크할 수 있어서 많은 기업에서 이용하고 있다. 프락시/리버스 프락시로는 HAProxy나 Squid 등이 유명하다.

RAID(Redundant Arrays of Independent Disks)

디스크의 I/O 성능이나 안전성을 향상시키는 목적으로 여러 개의 디스크를 사용하여 구성하는 것을 가리킨다. RAID에는 디스크 구성 방법에 따라 몇 가지 레벨이 있다. 예를 들어, RAID0은 스트라이핑(striping)이라고 하며, 데이터를 여러 개의 디스크에 분할하여 쓰게 함으로써 디스크 하나에 비해 쓰기 및 읽기 성능을 향상시킬 수 있다. 또한, RAID1은 미러링(mirroring)이라고 하며, 여러 개의 디스크에 같은 데이터를 쓰게 함으로써 한 개의 디스크에 장애가 발생해도 데이터가 손실되지 않는 구성을 만들 수 있다.

SPOF(Single Point Of Failure)

로드 밸런서, 웹 서버, 데이터베이스 등의 시스템을 구성하는 요소 중에서 이중화 구성이 되지 않아 장애가 발생하면 시스템 전체에 영향을 주는 요소를 말한다. 단일 고장점이라고도 함. 예를 들어, 데이터베이스가 이중화되어 있지 않아 데이터베이스가 정지하게 되면 시스템 전체가 동작하지 않게 되는데, 이때 데이터베이스는 SPOF가 된다.

SSH(Secure SHell)

네트워크를 통해 서버를 조작할 때 사용하는 프로그램. 서버와의 통신은 암호화되어 있어 안전하게 통신할 수 있다. 클라우드 상의 가상 서버를 가동한 경우는 일반적으로 SSH를 통해 조작한다.

System Monitoring Software(시스템 감시 소프트웨어)

시스템 전체를 효율적으로 관리하기 위해 서버, 네트워크, OS, 애플리케이션 등의 상태를 정확히 파악하는 것이 중요하다. 그 때문에 항상 시스템의 가동 상태 데이터를 수집하고 감시하는 「시스템 감시 소프트웨어」가 사용된다. 시스템 감시 소프트웨어에는 Nagios/Zabbix/Heartbeat 등이 사용된다.

Web Server(웹 서버)

인터넷에 연결되어 있는 네크워크에 속하여 클라이언트에서의 요청에 따라 HTML 파일
이나 이미지 파일 등을 반환하는 서버. 또한, 웹 서버의 뒤에 애플리케이션 서버를 배치하
는 경우도 많아 그럴 때는 웹 서버가 통신을 받아 처리를 애플리케이션 서버에 의뢰하는
경우도 있다. 인터넷 익스플로러나 파이어폭스 등의 웹브라우저가 통신하는 상대는 일반
적으로 웹 서버가 된다. 제품으로는 아파치나 IIS, nginx 등이 유명하다.

부록 2
클라우드 컴포넌트

CDP(클라우드 디자인 패턴)의 각 패턴 내에서 사용되는 기본적이고 중요한 클라우드 컴포넌트에 대해 설명한다. CDP는 AWS의 서비스를 기반으로 패턴을 구축하고 있지만, 패턴의 배경을 설명할 때는 개별의 서비스 명이 아닌 컴포넌트의 개념적인 명칭으로 해설한 부분도 있다. 그래서 AWS의 서비스와 이 책에서 사용하고 있는 클라우드 컴포넌트 명을 매핑한 내용을 다음 페이지에 정리했다. CDP를 읽기 전에 이 표를 확인해두면 좋을 것이다.

AWS에는 전형적인 클라우드 컴포넌트인 「가상 서버」 이외에도 여러 가지 컴포넌트가 제공된다. CDP를 이해하는 전에 먼저 각각의 클라우드 컴포넌트에 대해 그 특성과 기능에 대해 이해해둬야 한다.

각 컴포넌트의 설명

각 컴포넌트에 대해 그 개요와 기능, 특징을 설명한다. 또한, 다음의 컴포넌트는 모두 프로그램으로 조작할 수 있는 API가 제공되고 있고, 자바나 C#, PHP 등의 프로그래밍 언어를 사용하여 조작할 수 있다. 클라우드의 장점을 활용해 아키텍처를 구현할 때는 프로그램을 이용한 운용 자동화나 구축된 상태를 다시 사용하는 것은 필수 조건이다.

또, 이 클라우드 컴포넌트는 서비스로 제공되고, 그 비용에 대해서도 초기 비용 없이 데이터 양이나 이용 시간 등 이용한 양에 따른 종량제 요금 부과 방식으로 되어 있다. 이것 또한 클라우드의 장점을 활용해 아키텍처를 구현하기 위한 중요한 요소가 된다.

클라우드 컴포넌트 명	AWS 서비스 명	약칭
가상 서버	Amazon Elastic Compute Cloud	EC2
서버 이미지	Amazon Machine Image	AMI
가상 디스크	Elastic Block Store	EBS
가상 디스크 스냅샷	EBS 스냅샷	EBS 스냅샷
고정 공인 IP 어드레스	Elastic IP	EIP
가상 네트워크 인터페이스	Elastic Network Interface	ENI
가상 방화벽	Security Group	Security Group
가상 네트워크	Amazon Virtual Private Cloud	VPC
오토 스케일링	Auto Scaling	Auto Scaling
인터넷 스토리지	Amazon Simple Storage Service	S3
DNS 서비스	Amazon Route53	Route53
콘텐츠 배포	Amazon CloudFront	CloudFront
가상 로드 밸런서	Elastic Load Balancing	ELB
큐잉	Amazon Simple Queue Service	SQS
통지	Amazon Simple Notification Service	SNS
시스템 감시	Amazon CloudWatch	CloudWatch
RDBMS	Amazon Relational Database Ser-vice	RDS
KVS	Amazon SimpleDB	SimpleDB
KVS	Amazon DynamoDB	DynamoDB
인메모리 캐시	Amazon ElastiCache	ElastiCache
메일 송신	Amazon Simple Email Service	SES
분산 처리 클러스터	Amazon Elastic MapReduce	EMR

표 각 컴포넌트의 설명

EC2(가상 서버)

가장 기본적인 클라우드 컴포넌트. 필요할 때 바로 만들 수 있고, 종량제 요금 방식으로 서버 사용이 가능하다. 서버의 사양은 선택할 수 있고, 이용 용도에 따라 CPU 처리 능력과 메모리 양을 선택할 수 있다. OS나 미들웨어, 애플리케이션은 사용자가 자유롭게 선택할 수 있다. 관리자 권한도 있어 윈도우즈나 리눅스에서 이용했던 소프트웨어나 기술을 그대로 클라우드로 가지고 와 사용할 수 있다. 또한, 가동한 각각의 서버를 「EC2 인스턴스」라고 한다.

AMI(서버 이미지)

EC2 인스턴스를 가동할 때 사용되는 이미지가 되는 데이터 셋. AMI에는 OS와 미들웨어, 애플리케이션의 데이터가 들어 있고, 선택한 AMI의 데이터를 기반으로 EC2 인스턴스가 가동한다. 아마존이 제공하고 있는 기본 AMI를 이용하는 것도 가능하며, 사용자가 AMI를 만들 수도 있다. 만든 AMI을 기반으로 다른 EC2 인스턴스를 가동할 수 있다.

EBS(가상 디스크)

EC2 인스턴스에 마운트 가능한 데이터 영역을 제공하는 클라우드 컴포넌트. EC2 인스턴스와는 다른 영역에 저장되어 있고, EC2 인스턴스 장애에 영향을 받지 않는다. 임의의 크기를 할당할 수 있고, 임의의 EC2 인스턴스에 블럭 디바이스로 마운트할 수 있다. 이 때문에 OS에서는 SATA나 SCSI 디바이스와 같이 인식할 수 있고, 임의의 파일 시스템으로 포맷이 가능하다. EC2 인스턴스를 정지시켜도 EBS의 데이터를 유지시킬 수 있다.

EBS 스냅샷(가상 디스크 스냅샷)

어떤 시점의 EBS 데이터를 전부 스냅샷으로 저장하는 것. 만든 EBS 스냅샷에서는 그 데이터를 기반으로 새로운 EBS를 만들 수 있다. 스냅샷은 필요한 만큼 복제가 가능하고 이력을 저장할 수도 있다. 스냅샷은 높은 안전성을 가진 인터넷 스토리지 S3에 저장된다. 또한, 차등 저장이 되기 때문에 연속으로 스냅샷을 저장해도 용량은 갱신된 용량만큼만 늘어난다.

EIP(고정 공인 IP 어드레스)

고정 공인 IP를 할당받을 수 있는 서비스. 할당한 EIP는 EC2 인스턴스가 아닌 AWS 어카운트와 연결되어 있어서 EC2 인스턴스의 라이프 사이클과는 관계없이 유지할 수 있다. 따라서 어떤 EC2 인스턴스에 할당했던 EIP를 다른 EC2 인스턴스에 할당할 수 있다.

ENI(가상 네트워크 인터페이스)

EC2 인스턴스에 부여 가능한 가상 네트워크 카드. 여러 개의 네트워크 카드를 EC2 인스턴스에 부여하면, 예를 들어 웹으로부터 트래픽이 발생하는 인터페이스와 유지보수용으로 내부에서 접속하는 인터페이스로 나눌 수 있다. 또한, EIP와 같이 어떤 EC2 인스턴스에 부여한 ENI를 다른 EC2 인스턴스에 할당할 수 있다.

Security Group(가상 방화벽)

EC2 인스턴스에 부여된 방화벽. EC2 인스턴스로의 통신을 제어할 수 있고, 예를 들어 특정 포트만 통신할 수 있는 설정이나 IP 어드레스나 어드레스 범위의 지정 등으로 특정 접속 장소에서만 통신을 허용하는 설정을 한다. Security Group을 이용하면 AWS 클라우드의 전형적인 3계층(웹 층, AP 층, DB 층)의 구성 등도 간단하게 구축할 수 있다.

VPC(가상 네트워크)

VPC는 AWS에 있어서의 가상 네트워킹 서버다. 네트워크 IP 어드레스 정책을 정해 서브넷이나 라우팅, 네트워크 ACL 등과 같이 자체 시스템에서 해왔던 네트워킹을 그대로 AWS 클라우드에서 수행한다. 만든 VPC 상에는 EC2 인스턴스나 ELB를 배치할 수 있다. 인터넷으로 나가는 게이트웨이에 추가하여 VPN 접속이 가능한 게이트웨이를 정의할 수 있다. BGP로 경로 교환을 하기 때문에 자체 시스템에서 VPN 접속을 하면 AWS 클라우드를 인트라넷의 일부로 사용할 수 있다.

Auto Scaling(오토 스케일링)

CPU 사용률이나 통신량, 특정 시각 등 사전에 조건을 설정해두면 그 조건에 맞을 때 자동으로 EC2 인스턴스를 가동/정지하는 기능. 부하가 높은 경우에만 EC2 인스턴스를 가동하고, 부하가 낮아졌을 때 정지하면 EC2 인스턴스를 효율적으로 이용이 가능하다.

S3(인터넷 스토리지)

인터넷에 접속된 네트워크 고유의 스토리지 컴포넌트. PUT과 GET과 같은 간단한 조작으로 데이터를 넣고 뺄 수 있다. 용량의 제한이 없고, 고가용성, 안전성을 가지고 있다. (설계상 데이터 가용성 99.999999999%). 인터넷에서의 액세스는 권한으로 제한이 가능하고 S3에 저장된 각 파일에 URL이 부여되어 있기 때문에 파일 배포에 이용할 수 있다. 이 특성을 활용하여 많은 사진 공유 사이트나 파일 공유 사이트가 S3에 구축되어 있다. 2012년 6월 시점에 1조 개 이상의 파일이 S3에 저장되어 있다. 또한, S3를 그대로 웹 서버로 사용할 수도 있다.

Route53(DNS 서버)

DNS 서버 컴포넌트. 전 세계에 분산 배치되어 있고, 100% 가동 SLA를 가지고 있다. Route53은 네트워크 경유로 설정 변경이 가능하고, 그 컴포넌트를 이용하여 도메인을 관리하면 장애 발생이나 재해 시에 백업 시스템으로 빠른 변경이 가능해진다.

CloudFront(콘텐츠 배포)

정적인 HTML이나 이미지, 동영상을 캐시하여 사용자에게 빠르게 배포하는 클라우드 컴포넌트. EC2 인스턴스나 S3에 원본 콘텐츠를 배치하고, 그 프론트 엔드로 CloudFront를 배치한다. 에지 서버라고 불리는 CloudFront의 서버군이 전 세계에 배치되어 있어 사용자의 액세스 위치에 따라 가까운 에지 서버에서 콘텐츠를 배포한다.

ELB(분산 로드 밸런서)

네트워크를 통한 트래픽을 부하분산하고 여러 대의 EC2 인스턴스에 트래픽을 나눠주기 위한 로드 밸런싱 컴포넌트. AWS에서는 여러 곳의 데이터 센터에 EC2 인스턴스를 배치할 수 있어 ELB도 여러 곳의 데이터 센터로 부하분산할 수 있다. 또한, 로드 밸런서 자체도 부하분산하도록 설계되어 트래픽에 따른 유연한 처리 능력을 향상시킨다.

SQS(큐잉)

높은 신뢰성을 가진 메시지 큐잉 컴포넌트. 큐에 들어온 메시지는 여러 대의 스토리지에 안전하게 저장된다. SQS는 액세스를 위한 인터페이스가 제공되어 있기 때문에 인터넷을 통해 이용할 수 있다.

SNS(통지)

어떤 이벤트가 발생한 시점에 등록되어 있는 연락처로 통지를 보내는 컴포넌트. 단독으로 사용하지 않고 일반적으로 다른 컴포넌트와 같이 동작한다. 예를 들어, 에러가 발생할 때 등록해둔 관리자 메일 어드레스로 통지하는 경우에 사용할 수 있다. 또한, SNS가 이벤트를 발견하여 통지한 후 이벤트가 발생한 컴포넌트를 동작시키는 것과 같이 연계 사용이 가능하다. 따라서 클라우드 상에서의 결합성 아키텍처 설계에서 중요한 컴포넌트가 된다.

CloudWatch(시스템 감시)

CloudWatch는 클라우드 컴포넌트의 가동 상태나 에러 정보를 가시화하여 통계 데이터를 가지고 있는 컴포넌트다. 예를 들어, EC2 인스턴스의 CPU 이용률이나 네트워크 분산, 디스크 이용률 등과 ELB의 통신 에러 수 등을 수집한다. 기존 감시 시스템은 시스템이 이상이 있을 경우에 관리자에게 통지하는 것이 주된 역할이었지만, 클라우드에서는 시스템 감시와 연동한 서버를 가동, 정지하거나 디스크를 동적으로 늘리거나 하는 보다 액티브한 시스템 구축을 위해 이용할 수 있어서 CloudWatch 자체도 하나의 클라우드 컴포넌트로 정의한다. 임의의 데이터를 가지고 있을 수 있어서 커스텀 메트릭스(Custom Metrics)라고 한다.

RDS(RDBMS)

서비스로 제공되는 RDBMS 컴포넌트. EC2 인스턴스에 관계형 데이터베이스를 설치한 경우는 DB의 설치나 백업 작업은 이전과 같이 사용자가 해야 했지만, RDS를 이용하면 구축된 관계형 데이터베이스를 바로 이용할 수 있고, 또한 패치나 백업, 복구도 AWS가 하기 때문에 RDB를 서비스로 이용할 수 있다.

SimpleDB(KVS)

키 항목과 값으로 구축된 스키마리스(schemaless)의 데이터 스토어 컴포넌트. 관계형 데이터베이스와는 달리 기본적으로 키 항목과 거기에 따른 값으로 구성된다. 관계형 데이터베이스처럼 테이블을 만들거나 테이블 간의 관계를 가지게 할 수 없지만, 그 대신 스키마 정의가 필요 없어 높은 확장성과 처리량을 자랑한다. 또한, 데이터는 분산 스토리지에 저장되어 높은 신뢰성을 가진다.

DynamoDB(KVS)

DynamoDB는 인터넷 환경에서의 애플리케이션을 위해 설계된, 빠른 확장성을 가진 NoSQL 데이터 스토리지 서비스다. DynamoDB는 신뢰성, 데이터 안전성이 높은 데이터베이스 서버이고, 그 데이터 용량은 제한이 없어 액세스 성능(읽기 성능, 쓰기 성능)을 자유롭게 컨트롤 가능한 특징을 가지고 있다.

데이터는 SSD(Solid State Drive)에 저장되고 어떤 규모든 높은 성능을 제공한다. 또한, 데이터는 분산 스토리지에 저장되어 높은 신뢰성을 가진다.

ElastiCache(인메모리 캐시)

인메모리에 캐시 정보를 보관하는 컴포넌트. 데이터는 전부 메모리 위에 저장되어 신뢰성은 높지 않으나, 고속 데이터 저장 및 검색이 가능하다. RDB의 검색 결과나 자주 액세스되는 정보를 저장하는 경우가 많다.

SES(메일 송신)

메일의 송신 처리를 제공하는 컴포넌트. 송신 시스템이 이중화되어 있어 높은 신뢰성을 자랑한다. 자체적으로 메일 송신 서버를 구축하는 경우와 비교해 보면, 신뢰성을 가진 기존의 메일 송신 시스템을 이용하기 때문에 메일 도달률(derivability)이 높다.

또, ISP나 각 스팸 리스트와 연계하여 메일의 거부 수와 반송 수를 알 수 있어, 특히 대용량 메일을 보낼 때 보다 품질 좋은 메일을 발송할 때 참고 정보로 활용할 수 있다.

EMR(분산 처리 클러스터)

로그 분석이나 이미지 처리 등 대용량의 데이터에 대해 병렬 처리를 가능하게 하는 클러스터 컴포넌트. 구축된 아파치 Hadoop 클러스터, MapR 클러스터를 서비스로 이용할 수 있다.

부록 3
클라우드 설계 원칙

2장에서는 세 가지의 시스템 구축 시나리오를 준비하여 그 시나리오에 대한 문제를 해결하기 위해 적절한 CDP를 적용했다. 클라우드의 특성을 활용한 설계 요령에 대해 어느 정도 이해를 했다고 생각한다. 여기에서는 「클라우드 설계 원칙」을 소개하려고 한다. 클라우드의 등장에 따라 지금까지의 시스템 설계와는 다른 관점이 필요하다. 그것을 간결하게 정리한 것이 아래의 클라우드 설계 원칙이다.

가능한 한 서비스를 이용

예를 들어, Amazon S3라는 인터넷 스토리지 서비스를 생각해보자. 그것은 안전성, 고가용성, 저가에 이용 가능한 오브젝트 스토리지이고, 클라우드 시대의 상징과 같은 서비스다. Amazon EC2를 이용해 가상 서버에 시스템을 설치하고 유사한 기능을 구현하는 것보다 S3를 이용하는 편이 안전성, 편리성, 비용 측면에서도 장점이 있다. 또한, 예를 들어 큐잉도 Amazon SQS라는 서비스가 있어서 직접 구현하는 것보다 서비스를 이용하는 것이 좋다. 따라서 이미 존재하는 클라우드 서비스의 장점/단점을 확실하게 이해하고 사용하는 것이 클라우드 시대의 아키텍트에게 정말 중요한 기술이다. 이용자도 서비스를 다시 만드는 것이 아니라 잘 사용하는 것이 중요하다.

생각보다 행동으로

클라우드 출현 이전에는 시스템을 구축하기 위해 물리 서버를 구입하거나 또는 고정 기간 계약하는 것이 보통이고, 한번 구입하면 다시 되돌리기가 어려웠다. 따라서 면밀한 용량 산정이 필요하고, 구입 전에 많은 시간을 투자하여 용량 산정을 하는 것이 일반적이었다. 또한, 그 산정한 용량에 확신을 가질 수 없어(액세스가 한정적인 사내 시스템에 비해, 특히 액세스가 예측 불가능한 인터넷 시스템에 있어서의 정확한 예측은 누구도 불가능하다) 어느 정도의 여유를 가진 인프라스트럭처를 구입하는 것이 일반적이었다. 이와 같은 방법에 익숙해져 있어서 클라우드로 설계를 하고 있음에도 「이 시스템에 이 부하라면 인스턴스 타입은 어떤 것을 몇 대 써야 할까?」라는 쓸데없는 생각에 시간을 소비하곤 한다.

클라우드의 특징 중 하나는 수시로 만들고 언제든지 삭제할 수 있다. 또한, 필요한 만큼 만들 수 있어 높은 확장성을 확보할 수 있다. 이런 특징을 활용하면 생각으로만 예측하지 말고 실제로 테스트를 해보면 된다. 프로토타입 관점에서 서비스 환경과 같은 인프라스트럭처 서비스를 이용해 테스트를 하면 개선점 등을 쉽게 찾을 수 있다.

작은 규모로 시작하여 스케일 아웃

클라우드에서는 작은 규모의 시스템으로 시작해도 나중에 간단하게 서버 등의 시스템 자원을 늘릴 수 있다. 예를 들어, 어떤 웹 서버를 개발한 경우 처음에는 사용자 수가 그다지 많지 않기 때문에 정말 작은 규모의 시스템으로 시작하여 조금씩 시스템 구성을 바꿔 나갈 수 있다. 작은 규모로 시작하여 스케일 아웃을 해가는 것이 실제로 가능해졌다. 이것은 반대의 방법도 가능하다. 단발적인 트래픽을 예측할 수 있다면 처음에 충분한 서버를 만들어 놓고 나중에 줄이면 된다.

변화를 전 계층에서 처리

예를 들어, 어떤 웹 애플리케이션이 매스미디어에 소개되었다면 급격한 부하로 서버가 다운되는 것은 자주 있는 일이다. 이럴 때 지금까지는 애플리케이션, 애플리케이션 서버, 데이터베이스의 튜닝 등으로 대처하려고 하는 경우가 많았다. 서둘러 서버 리소스 등을 추가하려고 해도 몇 시간에서 며칠, 때에 따라서는 몇 주가 걸리는 것은 흔한 일이었다.

클라우드는 인프라스트럭처 계층부터 여러 가지 대안을 추가한 것이 된다. 데이터베이스의 성능이 부족한 경우에는 튜닝으로 대처하지 않고 서버의 인스턴스 크기를 빨리 변경할 수 있다. 필요한 CPU나 메모리를 몇 분 안에 추가할 수 있다. 또한, 서버의 사양을 변경하지 않고 서버를 병렬로 배열하여 처리한다거나(스케일 아웃), 정적인 콘텐츠를 인터넷 스토리지에 저장하여 처리하는 것도 가능하다. 따라서 비즈니스의 변화, 시스템의 변화에 대해 애플리케이션에서 인프라스트럭처까지 전 계층에서 처리할 수 있게 되었다.

고장을 위한 설계(Design For Failure)

버그는 없는 게 낫고, 서버는 고장이 없는 게 좋은 건 당연할 것이다. 그러나 모든 사물은 고장 날 가능성이 있다. 그래서 고장을 예상하여 설계하는 것을 추천한다. 예를 들어, 서버가 정지되었어도 바로 다른 서버를 가동하여 최신 데이터가 저장되어 있는 가상 디스크 부분만을 신규 서버에 이전해 복구한다. 또한, 처음부터 SPOF(단일 고장점)을 없애고 전체 시스템에 대한 안정성을 높이는 것도 자주 사용된다. 실제로 필요한 서버 대수에 더하여 (N개라고 하고) 추가 서버를 준비하고(N+1개) 분산하여 처리함으로써 안전성을 높일 수 있다. 또한, 서버 레벨의 장애만이 아닌 데이터 센터 레벨의 장애에도 대응하기 위해 여러 곳의 데이터 센터에 시스템을 분산하여 배치하면, 데이터 센터 레벨의 장애가 발생해도 문제 없는 시스템 구축이 가능하다.

이것을 기존의 물리 데이터 센터에서 하려고 하면 구축비용, 구축기간이 많이 들었지만, 클라우드를 이용하면 빠르고 싼 비용으로 구축할 수 있다. 클라우드에 의해 같은 서비스, 같은 품질을 가진 가상 데이터 센터가 전 세계에 세워졌기 때문에 안전성을 높이고 대응 품질을 높이기 위한 방법을 아키텍트에게 많이 부여해준다.

처음뿐이 아닌 주기적인 개선

웹 서비스나 웹 애플리케이션을 완성하여 운용에 들어가도 인프라 계층까지 주기적으로 개선하는 것이 좋다. 지금까지는 기존에 구입한 서버 등의 인프라스트럭처까지의 개선은 힘들었지만, 클라우드에서는 서버의 사양, 스토리지 용량, 로드 밸런서, 네트워크의 라우팅까지 원하는 시기에 개선 작업을 할 수 있게 되었다.

CDP 목록표

번호	패턴 명	약칭 개요	페이지	카테고리
1	Snapshot	데이터 백업	p.6	기본 패턴
2	Stamp	서버 복제	p.9	
3	Scale Up	동적 서버 사양 업/다운	p.12	
4	Ondemand Disk	동적 디스크 용량 증감	p.14	
5	Multi–Server	서버 이중화	p.17	가용성 향상 패턴
6	Multi–Datacenter	데이터 센터 레벨의 이중화	p.20	
7	Floating IP	IP 어드레스 동적 이동	p.23	
8	Deep Health Check	시스템 상태 확인	p.26	
9	Scale Out	서버 수의 동적 증감	p.28	동적 콘텐츠 처리 패턴
10	Clone Server	서버 클론	p.31	
11.	NFS Sharing	공유 콘텐츠 이용	p.34	
12	NFS Replica	공유 콘텐츠 복제	p.36	
13	State Sharing	상태 정보 공유	p.38	
14	URL Rewriting	정적 콘텐츠 이전	p.40	
15	Rewrite Proxy	URL 변경 프락시 설치	p.42	
16	Cache Proxy	캐시 설치	p.44	
17	Scheduled Scale Out	스케줄에 의한 서버 증감	p.46	
18	Web Storage	고가용성의 인터넷 스토리지 활용	p.49	정적 콘텐츠 처리 패턴
19	Direct Hosting	인터넷 스토리지 직접 호스팅	p.51	
20	Private Distribution	특정 사용자에게 데이터 배포	p.53	
21	Cache Distribution	사용자와 물리적으로 가까운 위치에 데이터 배치	p.55	
22	Rename Distribution	변경 지연 없는 배포	p.58	

번호	패턴 명	약칭 개요	페이지	카테고리
23	Private Cache Distribution	CDN을 이용한 프라이빗 배포	p.60	정적 콘텐츠 처리 패턴
24	Write Proxy	인터넷 스토리지로 고속 업로드	p.62	데이터 업로드 패턴
25	Storage Index	인터넷 스토리지 효율화	p.65	
26	Direct Object Upload	업로드 절차 간소화	p.67	
27	DB Replication	온라인 DB 복제	p.69	관계 데이터 베이스 패턴
28	Read Replica	읽기전용 레플리카를 통한 부하 분산	p.71	
29	Inmemory DB Cache	자주 사용되는 데이터 캐시화	p.73	
30	Sharding Write	쓰기 효율화	p.75	
31	Queuing Chain	시스템 간의 낮은 의존도 구성	p.77	일괄 처리 패턴
32	Priority Queue	우선순위 변경	p.79	
33	Job Observer	작업 감시와 서버 추가/삭제	p.82	
34	Scheduled Autoscaling	일괄 처리 서버의 자동 가동/정지	p.84	
35	Bootstrap	가동 설정의 자동 수집	p.86	운용 보수 패턴
36	Cloud DI	변경이 많은 부분의 분리	p.88	
37	Stack Deployment	서버군 가동 템플릿화	p.90	
38	Server Swapping	서버 이전	p.93	
39	Monitoring Integration	모니터링 툴 일원화	p.95	
40	Web Storage Archive	대용량 데이터 아카이브화	p.97	
41	Weighted Transition	**가중치 라운드 로빈 DNS를 이용 한 이전**	p.99	
42	OnDemand NAT	유지보수 시 인터넷 설정 변경	p.102	네트워크 패턴
43	Backnet	관리용 인터넷 설치	p.104	
44	Functional Firewall	단계적 액세스 제한	p.107	
45	Operational Firewall	기능별 액세스 제한	p.109	

번호	패턴 명	약칭 개요	페이지	카테고리
46	Multi Load Balancer	복수 로드 밸런서 설치	p.111	네트워크 패턴
47	WAF Proxy	고가의 Web Application Firewall의 효율적 활용	p.113	
48	CloudHub	VPN 지점 설치	p.116	